正能力十书

用人是门大学问

老苏　编著

二十一世纪出版社集团
21st Century Publishing Group
全国百佳出版社

图书在版编目（CIP）数据

用人是门大学问 / 老苏编著. -- 南昌 ： 二十一世纪出版社集团，2018.6

ISBN 978-7-5568-2761-9

Ⅰ. ①用… Ⅱ. ①老… Ⅲ. ①人才管理学－基本知识 Ⅳ. ①C962

中国版本图书馆 CIP 数据核字 (2017) 第 144046 号

用人是门大学问 老苏/编著

策　　划 张　明
责任编辑 敖登格日乐
出版发行 二十一世纪出版社集团
（江西省南昌市子安路75号　330009）
www.21cccc.com　cc21@163.net
出 版 人 张秋林
经　　销 新华书店
印　　刷 北京正合鼎业印刷技术有限公司
版　　次 2018年6月第1版　2018年6月第1次印刷
开　　本 787mm × 1092mm　1/16
印　　张 13
字　　数 190千字
书　　号 ISBN 978-7-5568-2761-9
定　　价 39.80元

赣版权登字—04—2017—528

如发现印装质量问题，请寄本社图书发行公司调换 0791-86524997

目录

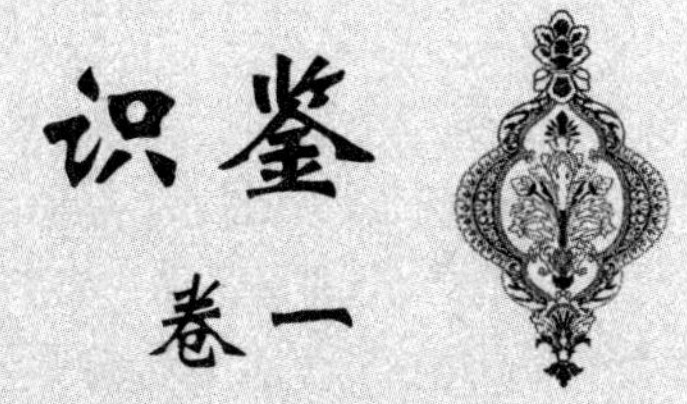

识鉴

卷一

原文：

夫圣贤之所美，莫美乎聪明；聪明之所贵，莫贵乎知人。知人诚智，则众材得其序，而庶绩之业兴矣。（刘劭《人物志》）

译文：

圣贤所被赞美的，首先在于聪慧明达；聪慧明达中最可贵的，首先在于对人的了解。能鉴识人的诚信与智慧，则能使各种人才都有适当位置，从而各行各业的发展将会兴旺发达。

解读：

人才难得，欲成就一等事业，必得一等人才。只要是人才，无论其出身如何微贱，都应当委以重用。那种戴着“有色眼镜”选才的人，只会使人才外流、人才荒废。

历史上，有众多出身寒微的人才，都曾被破格提拔，成为一代英豪。做过厨师的商汤辅相伊尹，被商汤慧眼识英雄，破格提拔为相，使商汤功霸天下。

春秋时期，一代名臣百里奚在虞、晋、楚、秦四国的不同遭遇就很好地说明了识才方能用才、用才方能兴国的道理。

案例：

五张黑羊皮换来名相

“百里奚举于市”，出自孟子《生于忧患，死于安乐》，是指百里奚发迹于市井之中，是秦穆公用五张黑公羊皮从集市上把百里奚买回来的故事。

百里奚，春秋虞国（今山西平陆北）人。他本来是虞国大夫，但虞国国君不认为他有多么高明。

公元前655年，晋国借道于虞以伐虢国，大夫宫之奇以“唇亡齿寒”劝谏虞君，虞君因曾经接受晋献公的宝玉“垂棘之璧”与名马“屈产之乘”而答应了晋国。百里奚深知虞君昏庸无能，很难纳谏，便缄默不语。结果晋在灭虢之后，返回时就灭了虞国，虞君及百里奚被俘。因百里奚拒绝在晋国做官，被充作媵人，也就是奴隶。后来，晋献公把女儿嫁给秦穆公，喜结“秦晋之好”，百里奚被当作陪嫁媵人被送到了秦国。他以此为耻，便从秦国逃到宛，被楚国边境的人抓获。

穆公听说百里奚有才能，想用重金赎买他，但又担心楚国不给，就派人对楚王说：“我家的陪嫁奴隶百里奚逃到这里，请允许我用五张黑色公羊皮赎回他。”楚国就答应了，交出百里奚。在这时，百里奚已经七十多岁。穆公跟他谈论国家大事。百里奚推辞说：“我是亡国之臣，哪里值得您来询问？”穆公说：“虞国国君不任用您，所以亡国了。这不是您的罪过。”谈了三天，穆公非常高兴，把国家政事交给了他，号称五羖（gǔ）大夫。

百里奚勤于政务，平易近人，生活俭朴，又向秦穆公推荐了蹇叔，两人一起为秦穆公竭智尽力，为秦国的强盛做出了巨大贡献，使秦穆公成为春秋五霸之一。

原文：

视其所以，观其所由，察其所安。人焉叟哉？人焉叟哉？（孔子《论语》）

译文：

看明白他正在做的事，看清楚他过去的所作所为，看仔细他的心安于什么情况。这个人还能如何隐藏呢？这个人还能如何隐藏呢？

解读：

孔子认为在所有智慧中，能够识别人才是最大的智慧。《论语·颜渊》载，樊迟曾问孔子何为“智慧”。子曰：“知人。”《孔子家语》亦载：“仁者莫大乎爱人，知者莫大乎知贤。”这充分体现出，在孔子看来，为政者的智慧，在于知人善任，扶正祛邪。只有这样，民众才会信服，正气才会弘扬。

识人的难度在于由表及里，真正看清其内心和动机。孔子为此提出了三个要点：“视其所以，观其所由，察其所安。”即要观察他行为的目的和动机，要观察他行为的方式和方法，要观察他行为的志向和情趣。通过这样由浅入深的连续性拷问，人的真实面貌就无法隐藏了。其实，最值得警惕的是“两面人”。当“两面人”的伎俩玩到炉火纯青的地步时，其危害性不言而喻。

案例：

孔子选婿

“始吾于人也，听其言而信其行；今吾于人也，听其言而观其行”，认识一个人，不仅要看他说什么，更要看他做什么。因此，能言善辩的子贡，以其卓越的经商、外交才干，经常得到孔子的热情鼓励，而不善言谈的颜回同样以好学求仁的力行得到了孔子的极高评价。颜回十四岁拜孔子为师，是孔子最得意的弟子。“一箪食，一瓢饮，在陋巷，人不堪其忧，回也不改其乐。”为人谦逊好学，“不迁怒，不贰过”，素以德行著称。孔子对他的早逝感到极为悲痛，哀叹说：“噫！天丧予！天丧予！”

公冶长自幼家贫，但聪颖好学，德才兼备，终生治学不仕。相传，他通鸟语，并因此无辜获罪。孔子评论公冶长说：“可以把女儿嫁给他，他虽然被关在牢狱里，但这并不是他的罪过呀。”

作为公冶长的老师，孔子对他有全面了解。孔子能把女儿嫁给他，那么公冶长至少应具备仁德。这是孔子一再向他的学生提出的要求。

《孔子家语·弟子解》中说：“为人能忍耻。”看来，公冶长心胸宽阔，能够忍辱负重。由此可知，孔子看人看长远，论事情的本身曲直，并不仅仅以一事作定论。

南宫适言语谨慎，崇尚道德，闲暇时常常诵读《诗经·大雅》中的一句话：“白圭之玷，尚可磨也；斯言之玷，不可为也。”大意是：白玉上的斑点，还可以磨去；说出的话中的污点，就很难去掉了。南宫期望自己像白玉，警醒自己说话做事要小心谨慎。

孔子认为如果遇太平盛世，则南宫进而发挥自己的才能，获得荣华富贵；如果处于乱世，则退而隐，以智而免遭杀身之祸。

孔子觉得他言行谨慎，是个值得托付的人，于是把自己哥哥的女儿嫁给了南宫适。

原文：

一流之人能识一流之性。二流之人能识二流之美。尽有诸流，则亦能兼达众才。（刘劭《人物志》）

译文：

一流水平的人，能识别一流水平的才智。二流水平的人，能识别二流水平的美好。具备多种层次的水平，也就能识别各种人才。

解读：

作为“伯乐”，用人者必须能够善于观察人、识别人，炼就识人察人的“火眼金眼”，掌握“硬功夫”和“真本领”，准确地识别“劣马”和“千里马”。

只有具备了识才“慧眼”，才能客观公正地选人，才能不让埋头苦干、实绩突出的“老实人”吃亏，不叫投机钻营者、弄虚作假的人得势。

唐太宗文武双全，却不认为自己无所不知，能虚心听谏纳谏，用人所长以补己之不足。他身边人材济济，故其能成就大业。而隋炀帝自恃其才高之过人，顺之者则可升，违之者则杀头，故不能用人之所长，只能用人之短，既不能用有才能的忠直之臣，只能用一些阿谀奉承的佞臣，结果，众叛亲离，最后被他认为身边的“心腹”之臣所缢死。

案例：

秦昭王五跪范雎

秦昭王在位时间是秦历代君王中最长的。

他重用范雎、白起等人，为秦国的发展做出极为杰出的贡献。翦伯赞说，昭王末年，“秦对六国的斗争已取得决定性胜利”，这是非常精辟的论断。

范雎，魏国人，本是魏国中大夫须贾门客，因被怀疑通齐卖魏，差点被魏国相国魏齐鞭笞致死，后在郑安平的帮助下，易名张禄，潜随秦国使者王稽入秦。

他上书秦昭王，在奏书上全面分析了秦国的国情，提出了“远交近攻”的战略方针。

秦昭王驱车前往拜访范雎，见到他便屏退左右，跪而请教：“请先生教我？”但范雎支支吾吾，欲言又止。于是，秦昭王第二次跪地请教，且态度更加恭敬，可范雎仍不语。秦昭王又跪，说：“先生卒不幸教寡人邪？”这第三跪打动了范雎，道出自己不愿进言的重重顾虑。秦昭王听后，第四次下跪，说道：“先生不要有什么顾虑，更不要对我怀有疑虑，我是真心向您请教。”范雎还是不放心，就试探道：“大王的用计也有失败的时候。”秦昭王对此责问并没有发怒，并领悟到范雎可能要进言了，于是，第五次跪下，说：“我愿意听先生说其详”。言辞更加恳切，态度更加恭敬。这一次范雎也觉得时机成熟，便答应辅佐秦昭王。

范雎于是被拜为客卿，之后，他又提醒昭王，秦国的王权太弱，需要加强王权。秦昭王遂于前266年废太后，并将国内四大贵族赶出函谷关外，拜范雎为相。

原文：

居视其所亲，富视其所与，达视其所举，穷视其所不为，贫视其所不取。（司马迁《史记》）

译文：

平时看见他亲近哪些人，富有时看他结交哪些人，显贵时看他推举哪些人，不得志时看他不做哪些事，贫苦时看他不要哪些东西。

解读：

李克（一说为李悝）为战国初期魏国著名政治家。他提出的“识人五法”，颇有新意。即：第一，居视其所亲。看一个人平常都与谁在一起，如与贤人亲，则可重用。第二，富视其所与。看一个人如何支配自己的财富，如只顾自己贪图享受，则不能重用。第三，达视其所举。一个人发达时，看他如何选拔部属，若任人唯贤，则为良士。第四，穷视其所不为。当一个人处于困难时，能守住操守是真君子。第五，贫视其所不取。人在贫困潦倒之际也不取不义之财，则可重用。

案例：

李克识人五法

有一次，魏文侯问李克：“先生曾经教导我说：‘家贫就想得贤妻，国乱就想得贤相’。如今要安排宰相，不是魏成子就是翟璜，这两个人您看怎么样？”

李克回答说：“我听说，卑贱的人不替尊贵的人谋划，疏远的人不替亲近的人谋划。我的职责在宫门以外，不敢承担这个使命。”文侯说：“先生面对此事就不要推辞了。”李克说：“这是您不注意考察的缘故。平时看见他亲近哪些人，富有时看他结交哪些人，显贵时看他推举哪些人，不得志时看他不做哪些事，贫苦时看他不要哪些东西，有这五条足能决定谁当宰相了，何需依靠我李克呢！”文侯说：“先生回家吧，我的宰相已经决定了。”

李克快步走出去，到翟璜家中拜访。翟璜问，听说今天国君就选相一事征求您的意见，结果是谁啊？李克说，我猜测国君会选择魏成。翟璜愤愤不平地说：我哪一点比不上魏成？

魏成把自己的绝大部分俸禄都用来搜罗人才，向国君推荐了卜子夏、段干木、田子方。这三个人都是儒门高手。

翟璜也向国君推荐了许多优秀人才。比如，西河郡守名将吴起，治理邺地的能臣西门豹，攻打下中山国的大将乐羊，包括担任中山守将的李克，乃至太子的师傅屈侯鲋等。

李克说，魏成推荐的人，国君以之为师；你翟璜推荐的人，国君以之为臣。你识人的眼界，还是比魏成差一截。翟璜很惭愧，为先前的失态向李克道歉。

原文：

凡论人，通则观其所礼，贵则观其所进，富则观其所养，听则观其所行，止则观其所好，习则观其所言，穷则观其所不受，贱则观其所不为。（吕不韦《吕氏春秋》）

译文：

大凡衡量、评定人：通达时观察他礼遇哪些人，显贵时观察他举荐哪些人，富有时观察他供养哪些人，听言后观察他有什么行动，闲暇时观察他有什么爱好，平常时观察他说些什么，贫穷时观察他拒绝什么，卑贱时观察他不做什么。

解读：

《吕氏春秋》中有《论人》一篇，堪称中国较早的鉴识人才法。当时称为“八观法”。就是从八个方面观察一个人是否值得信任，能不能做大事情，能不能有担当。

这八观里面有“通、贵、富”这三点来说明在富贵中看一个人，“听、止、习”这三点来说明在日常生活中看一个人，“穷、贱”这两点说明在困境中看一个人，这充分说明要在发展中观察一个人，也要在富贵贫贱中观察一个人。

人在地位、阶层比较低的时候，一般都比较谦逊温和。一旦地位提高了，旁人的吹捧和奉承多起来，人就会逐渐膨胀起来。所以，一个刚刚被提拔起来的人就有架子和脾气了，这样的人心智并不成熟，应予警惕。

贫穷的时候，人往往节俭自律；等到富裕了，人的本性就显露出来了。

案例：

吕不韦识得奇货可居

吕不韦，卫国濮阳（今河南省安阳市滑县）人。他年轻时经商，往来各地，以低价买进、高价卖出，积累起千金的家产。

公元前267年（秦昭王四十年），秦国悼太子死在魏国，运回国葬在芷阳。公元前265年，他的第二个儿子安国君被立为太子。安国君有二十多个儿子。安国君有个非常宠爱的妃子，他便把她立为正夫人，称之为华阳夫人。华阳夫人没有儿子，安国君有个排行居中的儿子名叫异人，异人的母亲叫夏姬，不受宠爱。异人作为秦国的人质被派到赵国。因为秦赵世仇，秦国多次攻打赵国，赵国并不礼遇异人。

作为秦王庶出的孙子，异人很不受重视，被打发来赵国当人质，他乘的车马和日常的财用都不富足，生活困窘。异人每日郁郁寡欢。

一日，在赵国都城邯郸街头，两人偶遇。异人虽然衣着普通，神情落寞，但吕不韦还是发现了此人气度不凡。他向别人一打听，才知道此人是秦国公子。吕不韦大喜："异人就像一件奇货，可以囤积居奇，以待高价售出。"

吕不韦回到寓所，问他父亲："种地能获多少利？"

他父亲回答说："十倍。"

吕不韦又问："贩运珠宝呢？"

他父亲又答说："百倍。"

吕不韦接着问："那么把一个失意的人扶植成国君，掌管天下钱财，会获利多少呢？"

他父亲吃惊地摇摇头，说："那可没办法计算了。"

后来吕不韦主动拜见异人，并与他结为合作伙伴关系。在吕不韦的运作下，异人最终回到了秦国，并以继承人身份做了秦国的国君，吕不韦也被封为国相，真正实现了双方共赢。

原文:

论人者，又必以六戚四隐。何谓六戚？父、母、兄、弟、妻、子。何为四隐？交友、故旧、邑里、门郭。内则用六戚四隐，外则用八观六验，人之情伪、贪鄙、美恶无所失矣。譬之若逃雨污，无之而非是。此先圣王之所以知人也。(吕不韦《吕氏春秋》)

译文:

衡量、评定别人又一定用六戚、四隐。什么叫六戚？即父、母、兄、弟、妻，子六种亲属。什么叫四隐？即朋友、熟人、乡邻亲信四种亲近的人。在内凭着六戚、四隐，在外凭着八观、六验，这样，人们的真伪、贪鄙、美恶就能完全知晓，没有遗漏。就像是避雨一样，所往之处无一处没有雨水，无所逃避。这就是先代圣王用以识别人的方法。

解读:

六戚，代表了人的家庭关系。观察他的家庭关系是否和睦，家庭关系处理不好的人也难以处好社会关系。

四隐，代表了人的社会联系。观察他交什么的朋友，和邻里关系相处得怎样。

有句古话“修身齐家治国平天下”，意思就是说，只有个人修养非常好，又能把家庭关系处理的很和谐的人，才有资格和能力治理天下。

自古以来，选才录用大多以德为先，德才兼备者为上，有德无才为中，有才无德为下，将私德纳入人才考核指标有着历史的延续性。

汉代在选官制度方面，德行因素所占比重大大增加，甚至远超过才能的地位。汉武帝时设立的察举考试制度，最重要的科目就是“孝廉”，从中可以看出对德行品质的重视程度。

私德是指私人生活领域中的道德，这是德的重要组成部分。有人把私德看作是一个人的小节，这是错误的。“私德”折射“公德”，不孝敬长辈，家庭、邻里关系不和谐……如果一个人的私德不好，这就很难保证其职业道德和政治品德不出问题。

案例：

细察六戚四隐

北宋文人苏舜钦为人豪放，不拘小节。他曾不顾自己官职低微，屡次上疏议论朝政，却遭人诽谤，说他才小谋大，不自量力，胡言乱语。这些流言蜚语对苏舜钦打击很大，他不得不佯狂做人，常与一班朋友酣饮大醉。

一次，在进奏院祭神之后，他与刘巽把公家的废纸卖了，将所得的“公钱”用来买酒招待宾客，还招来乐妓奏乐、唱歌。这事为苏舜钦的丈人、宰相杜衍的对手、御史中丞王拱辰打探到了，王拱辰于是指使手下人弹劾苏舜钦及刘巽。朝廷以“自盗”的罪名革去苏舜钦及刘巽的官职。苏舜钦因喝酒成了“放废”之人，即放逐罢黜之人。

苏舜钦曾为此事给欧阳修写信诉苦，欧阳修读罢叹曰，你犯错在前，让人拿住把柄，我如何替你说话？苏舜钦自取其咎，便回苏州老家闲居；其后虽被朝廷起用，仍不得志，他郁郁寡欢，四十几岁就死了。

古往今来，清官家庭都非常重视严格管教子女，而贪官家庭往往疏于管教，甚至还包庇纵容。古训“莫用三爷，废职亡家”，所谓“三爷”指的是“子为少爷，婿为姑爷，妻兄弟为舅爷”，这三种人并非“才无可用”，但却必须警惕他们以家人的名义在外行不法之事。

原日本西武铁道集团公司董事长堤义明曾经表示，自己在提升一个职员出任高级经理的时候，必须先见见他的老婆；如果把一个经理晋升为公司董事，就得连家里的孩子都得叫来见一见。在公司里面，员工出于各种原因会隐藏自己的锋芒和缺点；在家庭生活中，他们往往会彻底放松自我，人性的种种状况都会自然地呈现出来。所以，堤义明通过与员工家属的交流和沟通，就能从日常的小事中发现员工真实的个人品质。

原文：

得人则兴，失士则崩。（赵蕤《反经》）

译文：

得到人才，事业、国家就会兴盛；失去人才，事业、国家就会衰亡。

解读：

喜剧电影《天下无贼》中的“贼头”说过这么一句话：“21世纪什么最重要？人才！”这道出了一条真理——人才永远是事业成功最重要的资本和基础。

“治国经邦，人才为急”，古今治理国家，都把人才放在首位，所谓“得人才者得天下，失人才者失天下”。

赵蕤（659—742），唐代名士，读百家书，博于韬略，长于经世，却视富贵如浮云。地方官吏甚至皇帝召见他，希望他能够出来做官，他都不肯。大诗人李白年轻时对他极为推崇，曾经跟随他学习帝王学和纵横术，时称“赵蕤术数，李白文章”。

赵蕤的代表作为《长短经》，又叫《反经》，集儒家、道家、法家、兵家、杂家和阴阳家思想之大成，以权谋政治和知人善任两个重点为核心，他告诫统治者，务必重视人才，得人则兴，失士则崩。

《反经》“不以成败论英雄”，真实生动地再现了历史事件，提醒人们对任何人和事物，要“既知其一，又知其二”，不能“只知其正，不知其反”，真正做到识人量才、知人善任。

案例：

得人与失士

楚汉相争，是英雄与英雄的较量，也是人才与人才的较量。

韩信、陈平、黥布原来都是项羽的部下，这些人在某些方面都有比较突出的才能，可项羽却不重用他们，甚至歧视他们，排斥他们，于是这些人一个个离他而去，投靠了刘邦。

项羽西屠咸阳、杀秦降王子婴、焚烧秦宫殿，大失民心。在范增因被离间而去，韩信加入刘邦集团后，命运的天平开始向刘邦倾斜。最终，项羽在不知不觉中走向失败。

汉高祖刘邦灭楚建国后大摆庆功宴，席间，他以胜利者的姿态，问身边的大臣，自己取得天下、项羽失去天下的缘由。大臣的解答不能令他满意，他说："运筹策帷幄之中，决胜于千里之外，吾不如子房（指张良）；镇国家，抚百姓，给馈饷，不绝粮道，吾不如萧何；连百万之军，战必胜，攻必取，吾不如韩信。此三者，皆人杰也，吾能用之，此吾所以取天下也。项羽有一范增而不能用，此其所以为我擒也。"刘邦敢用在某个方面比自己高明的人才，这是他取得天下的最重要的原因。

刘邦还发出了中国历史上第一道由皇帝颁发的《求贤诏》。《求贤诏》开篇第一句话就是"盖闻王者莫高于周文，伯者莫高于齐桓，皆待贤人而成名"，切中要害地讲明了"得人才者得天下"的根本道理。

16 岁登基的崇祯执政时，明帝国可谓内忧外患，风雨飘摇。崇祯登基八年，除了果断铲除阉党，并无其他建树。

短短的十七年，崇祯竟然选用了五十位大学士。"崇祯五十相"，这就是对崇祯识人用人的绝妙讽刺。他曾十七年间下罪己诏六次，兢兢业业，却感到步履维艰。

崇祯可以说是一个典型的悲情人物，他空有中兴之志却无中兴之才，心胸狭窄又薄泽寡恩，自私自利，也无识人之明，他糊里糊涂处死了抗金英雄袁崇焕，听信谗言致使卢象升、孙传庭等忠良受到陷害，他又宠信奸佞陈演、魏藻德、张缙彦等人，使得那些良将贤相人人自危，根本不敢有所表现，这才给了小人以可乘之机。

原文：

故君子远使之而观其忠，近使之而观其敬，烦使之而观其能，卒然问焉而观其知，急与之期而观其信，委之以财而观其仁，告之以危而观其节，醉之以酒而观其则，杂之以处而观其色。九征至。不肖人得矣。（庄周《庄子》）

译文：

君子让他到远处做事考验他的忠诚，让他在近处做事考验他的恭敬，给他烦杂的任务考验他的能力，向他突然提出问题考验他的心智，把钱财委托他考验他的清廉，告诉他危险考验他的节操。让他酒醉看他的仪则，混杂相处而看他的面色。九种征验做到，不肖的人就可看得出来了。

解读：

庄子在《列御寇》中，借孔子之口，指出人心比山川险恶，比知天困难；天还有春夏秋冬早晚时间的限定，人却容貌敦厚而性情深沉。所以有的外貌谨慎而思想骄溢，有的外表善良而内心愚蠢，有的外貌温顺而内心暴躁，有的外表坚强而内心濡缓，有的外表和缓而内心急躁。所以他就义如饥渴，弃义又如避热。

随后他对知人的法门做了九个方面的阐述，用以上这九种方法察人，就可以发现谁是不肖之人，谁是贤德之人。

卒然问焉而观其知。历史上对官员加以突击式调查的案例有许多。

案例：

文帝卒然问周勃

周勃是汉高祖刘邦手下的一名大将，以军功而官至丞相，还曾经两次做过丞相。周勃性格敦厚，忠实善良，但有一个毛病，那就是一听到文人说话温温吞吞的就容易着急和发怒。

刘邦死后，吕后掌握了大权，吕氏一族作威作福。周勃与陈平合谋，消灭吕氏诸王，拥立汉文帝，而周勃也被升为右丞相。

汉文帝在一次接受群臣朝见时问右丞相周勃说："全国一年中判决的案件有多少？"周勃谢罪说："不知道。"文帝又问："全国一年中钱粮的开支收入有多少？"周勃又谢罪说不知道，他急得汗流浃背，惭愧自己不能回答。于是皇上又问左丞相陈平。陈平说："有主管的人。"皇上说："主管的人又是谁？"陈平说："陛下若问判决案件的情况，可询问廷尉；问钱粮收支的情况，可询问治粟内史。"皇上说："如果各自有主管的人，那么您所主管的是些什么事呢？"陈平谢罪说："为臣诚惶诚恐！陛下不知我才智低劣，使我勉强担任宰相的职位。宰相一职，对上辅佐天子调理阴阳，顺应四时，对下养育万物适时生长，对外镇抚四夷和诸侯，对内爱护团结百姓，使公卿大夫各自能够胜任他们的职责。"文帝于是称赞他回答得好。周勃大为惭愧，退朝后埋怨陈平说："您怎么不在平时教我对答这些话！"陈平笑着说："您身居相位，不知道丞相的职责吗？陛下如若问起长安城中盗贼的数目，您也要勉强凑数来对答吗？"这时周勃自知才能比陈平差远了。过了一段时间，周勃托病请求免去右丞相的职务，陈平独自担任了整个丞相的职务。

原文：

人非有才之难，而善用其才之难。（张廷玉等《明史》）

译文：

获得有才华之人并不难，能善用其才华却很难。

解读：

能够知人善用，让合适的人在合适的位置上，天下就不会有人被遗弃和埋没了，就可以做到人尽其才、物尽其用了。

清代一位诗人说过："骏马能历险，犁田莫如牛；坚车能载重，渡河不如舟。"也就是说，每个人都有自己的可用之才，只要用得适当，知人善任，就可让其发挥最大作用，帮助管理者成就一番事业。

刘邦的用人原则之一，就是用人唯贤。他既看到每一个人的长处，也深知每人的弱点。刘邦临终前和诸将臣的"白马之监"，显然是看出吕后有篡权的野心。结果刘邦死后，吕氏要篡朝，陈平、周勃，一举诛诸吕，扶刘邦儿子汉文帝刘恒继续刘邦所创大汉基业。另外，在封其侄刘濞时，刘邦却看出了刘濞的"反骨"，谆谆告诫大家要防备他。事实证明，后来真在东方发生了以吴王刘濞为首的七国之乱。

和刘邦用人完全相反的是项羽，他任人唯亲，"其所任爱，非诸项，即妻之昆弟"，致使部下的能人如陈平、韩信、彭越、叔孙通等，皆陆续投靠到刘邦这边来了。

在谈到用人心得时，李嘉诚曾生动地说："知人善任，大多数人都会有部分长处、部分短处，好像大象食量以斗计，蚁一小勺便足矣。各尽所能，各取所需，以量材而用为原则。”“就如在战场，每个战斗单位都有其作用，而主帅未必对每一种武器的操作都比士兵纯熟，但最重要是首领亦十分清楚每种武器及每支部队所能发挥的作用。”

把不同的人放在不同的岗位上，用人所长，才能让他发挥出最大的作用。最好的不一定适合自己，而适合自己的一定是最好的。

案例：

汉武帝识人选贤

汉武帝统治的五十余年，是西汉王朝的鼎盛时期，在识人用人上，他力行“为政之要在于选贤”，其识人用人之道蕴含了丰富的领导艺术。

武帝用人不抱门第观念，对来自中下层的人才格外垂青。

卫青，出身只是一个骑奴（为武帝的姐姐驾车），而霍去病成为将军时才二十岁。同时，武帝还注重引进外部人才，正是原匈奴小工赵信给汉朝骑军带来了先进的战术；正是俘获的大单于的弟弟，引进匈奴种马来改良马匹，而且进行了创新，用粟米喂马，从而扭转了汉朝在战马上的劣势。另有地方官吏出身的汲黯和韩安国、出身贫寒的朱买臣和主父偃……都能一一被破格提拔。难怪《汉书》中称，“汉之得人，于兹为盛”。

淄川人公孙弘，宽厚谨慎，在参加对策考试时提出治理国家的八项根本措施，当时参加考试的有一百多人，太常公布考试成绩后，公孙弘被列为下等，对策上呈武帝，武帝把公孙弘的对策定为一等，随任命他担任博士，不久官居丞相。

卫青，山西临汾人。母亲卫媪与来平阳侯家中做事的县吏郑季私通，生了卫青。因生活艰苦，卫青被送到亲生父亲郑季的家里。但郑季却让卫青放羊，郑家的儿子也没把卫青看成兄弟，当成奴仆畜生一样虐待。卫青稍大一点后，不愿再受郑家的奴役，便回到母亲身边，做了平阳公主的骑奴。因为姐姐被汉武帝看上，卫青也相随入宫。在宫中，卫青逐渐被汉武帝所识，他逐渐发现了卫青的才能。

卫青善于骑马射箭，勇敢力气胜过常人，对官吏士大夫以礼相待，对士兵有恩，众人都愿意为他效力，他有作军事统帅的才能，所以每次率兵出征，都能立下战功，他和外甥霍去病作为匈奴大战中最著名的军事将领，是当时能打败匈奴帝国的关键人物。天下人都佩服武帝了解人才，善于用人。

原文：

知人者智，自知者明。（老子《道德经》）

译文：

能了解他人的人聪明，能了解自己的人明智。

解读：

据说，在古希腊戴勒菲的阿波罗神庙前殿的墙上刻有一句“神谕”——认识你自己。哲学家苏格拉底曾经对这句箴言进行转释。他有一个基本观点，即人要先有自知之明，然后才能进一步鉴别和审视其他的事情和其他的人。

作为管理者，明智与否在于自知和知人，而自知和知人的深度同明智和程度是匹配的：知之越深，越明察秋毫，就越睿智。

古人云：“智莫大乎知人。”历史上善于识人的智者屡见不鲜。“知人”是一切人际关系开展的基础。“知人”才能“善用”。“知人”就是“识人”，有句古话叫做“宁可不识字，不可不识人”。

“自知”就是了解自己、认识自己，是“知人”的基础，“将心比心，推己及人”讲的就是这个道理。

案例：

唐太宗知人策略

唐太宗李世民是历史上比较开明的皇帝之一。他启用贤能人士，由魏征、高士廉、房玄龄、杜如晦、长孙无忌等人为宰相，辅助处理国家政事，使大唐帝国空前繁荣，史称“贞观之治”。

他认为“争天下的关键就是争天下的人才”，提出“治天下以人为本”，并把招揽人才、选贤任能作为治国的第一要务，对人才到了“求贤若渴”“不拘一格”的程度。

在唐初上层管理集团中，长孙无忌是长孙皇后的兄长，房玄龄是隋朝旧臣，张行成原是一介布衣，马周本为中郎将常何的门客，魏征则是政敌李建成的谋臣。这些人后来都成为贞观之治中中流砥柱的人物。

他认为，“良将无弃木，明主无弃士”。人才处处有，只是“千里马常有，而伯乐不常有”。明主之任人如巧匠之制木。任何人都有长处；任何人都有可能成为人才，为政者要“秉公心、施慧眼”，避其所短、用其所长，把“直木”用来做“车辕”，“曲木”用来做“车轮”；有智慧者出谋划策、有力气者驰骋疆场。取其所长，用其所长，使天下有识之士“尽入彀中”“为我所用”，令其“物尽其用，人尽其才”。

在一次宴会上，唐太宗问大臣王珐，你善于鉴别人才，尤其善于评论。你不妨从房玄龄等人开始，都一一做些评论，评一下他们的优缺点，你又在哪些方面比他们优秀？

王珐认为：孜孜不倦地办公，一心为国操劳，凡所知道的事没有不尽心尽力去做的，在这方面我比不上房玄龄。常常留心于皇上的过失向您直言建议，认为皇上能力德行比不上尧舜很丢面子，这方面我比不上魏征。文武全才，既可以在外带兵打仗做将军，又可以进入朝廷搞管理担任宰相，在这方面，我比不上李靖。向皇上报告国家公务，详细明了，宣布皇上的命令或者转达下属官员的汇报，能坚持做到公平公正，在这方面我不如温彦博。处理繁重的事务，解决难题，办事井井有条，这方面我也比不上戴胄。至于批评贪官污吏，表扬清正廉明，嫉恶如仇，好善喜乐，这方面比起其他几位能人来说，我略有所长。唐太宗非常赞同他的话，而大臣们也认为王珐完全道出了他们的心声，都说这些评论是恰如其分的。

原文：

喜之以验其守，乐之以验其僻，怒之以验其节，惧之以验其特，哀之以验其人，苦之以验其志。八观六验，此贤主之所以论人也。（吕不韦《吕氏春秋》）

译文：

使他高兴，借以检验他的节操，使他快乐，借以检验他的邪念（是否得意忘形）；使他发怒，借以检验他的气度，使他恐惧，借以检验他卓异的品行，使他悲哀，借以检验他的仁爱之心，使他困苦，借以检验他的意志。以上八种观察和六项检验，就是贤明的君主用以衡量、评定人的方法。

解读：

六验识人法，实际上是通过看人在不同情绪中的行为表现，来达到识人的目的，也可以称之为“情绪读心识人法”。

这种方法曾经被日本著名企业家松下幸之助当成宝典，他曾经说过：“《吕氏春秋》‘六验’中的名句，曾帮助我物色了众多人才。”

案例：

宋神宗暗察苏东坡

北宋神宗年间，御史中丞李定、舒亶等人摘取苏轼《湖州谢上表》中语句，和此前所作诗句，以谤讪新政的罪名逮捕了苏轼，在神宗的默许下，苏轼被抓进乌台，一关就是四个月，每天被逼要交代他以前写的诗的由来和词句中典故的出处，这就是宋朝最著名的“乌台诗案”。

苏东坡是一个心胸豁达的人，虽然蒙冤入狱，但他坚信自己的清白终有昭雪的一天，因此，他在监狱里依然心情坦然，能吃能睡，没有丝毫的颓废之态。

苏东坡曾跟儿子苏迈约定，平时只送肉与蔬菜，万一形势紧张，就送鱼。一个多月后，因粮尽，苏迈到陈留县（今河南开封东南）去借粮，委托朋友代为送饭，但忘记交代父子之间的约定，结果那天朋友出于热诚，送的是“酢鱼”。苏轼见后，猜想罪不能赦，写就两首绝命诗，托狱卒交于弟弟苏辙。

一天夜里，苏东坡正要入睡，忽有一人走进囚室，放下一箱子做枕头，倒地便睡。东坡以为他是新来的囚犯，未予理会，只管安睡。不料在天快亮时，那人推醒东坡，一再恭喜，并且说：“安心睡，别发愁。”说完，他就拎着小箱子，由狱卒带走了。出狱之后，苏东坡才知道，舒亶等人要将他置之死地，宋神宗不肯答应，特意派了个太监去狱中查看苏东坡的动静，结果发现他睡得安安稳稳，鼾声如雷。宋神宗对左右侍臣说：“朕就知道，苏轼是问心无愧的。”

宋神宗从苏武安然入睡的小事上，得知他内心无愧，可谓有识人之明。

原文：

为治首务爱民，爱民必先察吏，察吏要在知人。魏叔子以孟子所言“仁术”，“术”字最有道理。爱而知其恶，恶而知其美，即“术”字之的解也。又言蹈道则为君子，违之则为小人。（曾国藩《挺经》）

译文：

治理政治，首先在于爱民，要爱民必须先察举官吏，察举官吏最重要的在于知人。魏叔子认为孟子所讲的是“仁术”，“术”字最耐人寻味。喜爱一个人而知其所短，厌恶一个人而知其所长，就是“术”字最贴切的意义。又讲遵行大道就是君子，违反大道就是小人。

解读：

要用人，知人是前提。古人说得好：“事之至难，莫如知人。”每一个用人者都要精于识别人才之所长。

对清王朝的腐败衰落，曾国藩洞若观火，他说：“国贫不足患，惟民心涣散，则为患甚大。”对于“士大夫习于忧容苟安”，“昌为一种不白不黑、不痛不痒之风”，“痛恨次骨”。他认为，“吏治之坏，由于群幕，求吏才以剔幕弊，诚为探源之论”。基于此，曾国藩提出，“行政之要，首在得人”，危急之时需用德器兼备之人，要倡廉正之风，行礼治之仁政，反对暴政、扰民，对于那些贪赃枉法、鱼肉人民、中饱私囊的官吏，一定要予以严惩。

曾国藩以“知人善任”而闻名。他先是办湘军，镇压了太平天国运动，继而又办“安庆内军械所”，开洋务运动之先河，被清廷誉为“中兴名臣”，后人则称之为中国封建社会的“末世英雄”。曾国藩一生之所以能如此荣耀，其“知人之明”是一个重要原因。

郭嵩焘说他“以美化教育人才为己任，而尤以知人名天下”。俞樾云：“尤善相士，其所识拔者，名臣名将，指不胜屈。”即如刚直自负的左宗棠，后期与曾国藩交恶，在曾国藩去世后，仍书联挽曰：“知人之明，谋国之忠，我愧不如元辅。”拥有雄厚的人才阵营是曾国藩战胜太平天国一个不可忽视的因素。

案例：

范仲淹、曾国藩善识人

宋代名臣范仲淹善识人。张载喜欢谈兵，二十一岁时他谒见范仲淹，范仲淹认为其作为将领实在屈才，对他说：“儒者自有名教可乐，何事于兵？”劝他读《中庸》，后来张载遍观六经，后成为关学的创始人。当狄青还是个下级军官时，范仲淹授之以《左氏春秋》，并说：“将不知古今，匹夫勇尔。”狄青从此折节读书，精通兵法，成为一代名将。富弼少年时，好学有大度，范仲淹见而奇之说：“王佐才也。”并把他的文章给王曾、晏殊看，晏殊把女儿嫁给富弼。后宋仁宗复制科，范仲淹告诉富弼说：“子当以是进。”举茂材异等，后成为一代名相。

曾国藩所推荐过者，无论官位大小，这些人的表现，都没有辜负过曾国藩的荐举。比如他在保举左宗棠时对左的评价是“才华可以独挡一面”，对李鸿章的评价是“才大心细，劲气内敛”，对沈葆桢的评价是“可以大用”。这些评价后来无不准确应验。

还有他的弟弟、后来任两江总督的曾国荃，湘军水师统帅彭玉麟，洋务行家薛福成，海军名将丁日昌，杰出外交家郭嵩焘，以及被称为是“中国留学生之父”的容闳等，都是与曾国藩的培养和提携有关。

就连曾国藩的老对手、太平天国的翼王石达开也认为，曾国藩虽然不擅长打仗，但在战略谋划和识拔人才方面，他几乎没有漏洞。

多年来，前来投奔他的亲属子侄、同年同窗、门生故吏数不胜数。他却始终注意求贤若渴，不得不休，唯才是举，非才不用。曾国藩不仅自身如此，而且教育其弟曾国荃，告诫他对于“闒冗者虽至亲密友，不宜久留”。

据说当年曾国藩进京赶考时，盘缠拮据，幸得南五舅变卖家产，方凑足盘缠。曾国藩十分感激。做官后，曾国藩年年都要寄些银两，接济南五舅。南五舅过世后，其独子江庆才前来投奔。此人没读过什么书，学习不上进，且天资也差。有一次吃饭，曾国藩亲眼看见他把碗里的谷，粒粒挑出来，丢在脚下，心里很不舒服。因他自己总是去掉谷壳，把里面的米嚼碎咽下，从未连米粒一起扔掉过。曾国藩深感到江庆才不堪造就，还是打发他回老家种田去了。

原文:

虽有良药，苟不当于病，不逮下品；虽有贤才，苟不适于用，不逮庸流……故世不患无才，患用才者不能器使而适用也。（曾国藩《挺经》）

译文:

尽管有良药，如果不对病症，效果不如一般的药物；虽然是贤才，但所干之事不适合于他专长，那就还不如去找平凡人来干。所以世人不忧虑没有人才，而忧虑使用人才时不知量才适用。

解读:

重视人才是曾国藩人才思想的第一方面，他认为："成大事者，以多得助手为第一要义"，把治军、治政、治饷等全部归功于人才。

曾国藩自知领兵打仗非自己的长项，他唯一能做的只能是推行人才战略，"集众人之长，补一己之短""合众人之私，成一己之功""只在用人二字上，此外竟无可着力处"。

世上只有混乱的管理，绝没有无用的人才。一个优秀的管理者首先必须善于识别不同的人才，并把他们放到一个合适的岗位，只有这样，才能做到人尽其才，各尽所能，并且形成一个稳定的人才结构。

每个人才的具体情况往往各不相同，有的是通才，有的是多才，有的是专才，有的少年得志，有的大器晚成等等，在使用人才时，不应只把着眼点放在"全才"上。小材大用，大材小用，都不是理想的用人之道，唯有量才适用，才能发挥人的最大能量。

案例：

曾国藩善于笼络人才

曾国藩很善于使用人才。他的做法是：(1) 广收慎用。人才大量接收，但是使用上很谨慎。(2) 因量器使。曾国藩非常重视根据人才的长处来安排工作，以使其才华能够得到充分的发挥，使人人都能尽其用、尽其才。擅长用兵的，就派为营官；擅长理财的，就派到粮台；擅长文字的，就令其起草文书。务使人人能尽其用、尽其才。(3) 区别对待。绝对不能把贤才和庸才放在一起。(4) 培养人才。他认为鼓励可以使一个中才变大才。他也很善于储备人才，这方面最大的贡献就是开创公派留学生的先河。

据不完全统计，曾氏幕府 20 多年间召集的幕僚达 400 多人，而后官至三品者达 47 人，位至督抚者 33 人。晚清的左宗棠、李鸿章、彭玉麟、郭嵩焘、沈葆桢、刘蓉、李元度、罗泽南等栋梁之材，无不受曾举荐，“国之重臣，悉出曾门矣！”这些人对曾国藩怀有知遇之恩、师授之恩、举荐之恩，岂能不尽忠出力？

曾国藩将这些人才分为八个大类，因材器使，用其所长。

谋略人才：郭嵩焘、左宗棠、陈士杰、李鸿章、李鸿裔、薛福成、汪士铎、赵烈文等。

作战人才：水上有彭玉麟、杨载福等；陆上有李元度、唐训方、李榕、吴坤修、黄润昌等。

军需人才：李翰章、甘晋、李兴锐、丁日昌、郭昆焘、郭嵩焘、吴坤修等。

文书人才：许振坤、罗萱、程鸿诏、俞樾、向师棣，孙衣言、黎庶昌等。

吏治人才：李宗羲、洪汝奎、赵烈文、何源、倪文蔚、方宗诚、萧世本等。

文教人才：吴敏树、莫友芝、陈艾、俞樾、吴汝纶、张裕钊、刘寿曾、唐仁寿等。

制造人才：李善兰、徐寿、华蘅芳、陈兰彬、容闳、徐建寅等。

外交人才：郭嵩焘、薛福成、黎庶昌等。

德才

卷二

原文：

才者，德之资也；德者，才之帅也。（司马光《资治通鉴》）

译文：

才能是德行的凭借，德行是才能的统帅。

解读：

从先秦开始，古人在论述人才的素质条件时，就已提出了“既知（智）且仁”、“才行俱兼”、“才行兼备”“才德兼优”等概念。

在天下纷乱时，往往更看重才干；在国家安定时，对德行的重视度就大幅提升。在非常时期，一些有为的雄主用人的时候，迫于人才紧缺的形势，也会提出“唯才是举”的主张。但是，唯才是举绝不是忽视德行。

司马光理想的用人标准是德才兼备，有德无才者次之，无德无才者又次之，最不能用的就是有才无德的小人。才胜德的人对社会的危害，远比一个无才无德之人要严重得多。

《菜根谭》说，品德是才学才干的主人，而才学才干只不过是品德的奴隶。一个人假如只有才学才干而没有品德修养，就等于一个家庭没有主人而由奴仆当家一样，这样哪能不使家中遭受精灵鬼怪的肆意侵害？

清代康熙皇帝非常重视用人，在用人标准上也把握得比较好。他说，“国家用人，当以德器为本，才艺为末”“论才则必以德为本”。

案例：

才德之鉴别

曹操采取的办法是以才为主，以德为次。他告诫部下，古时候的伊挚，传说出身低贱，管仲曾是齐桓公的政敌，但国君都重用他们，使国家兴盛起来。萧何、曹参是县吏出身，韩信、陈平曾有不好的名声，被人嘲笑过，他们终于能成就大业。吴起为了当大将，杀掉妻子来取得国君的信任，还散尽家产求官做，母亲死了也不回来奔丧，然而，他在魏国做官时，秦人不敢向东侵犯，在楚国任相时，三晋不敢向南图谋。现在天下肯定有品德很高的人埋没在民间，还有果敢勇猛、奋不顾身、迎敌死战以及被人看不起的小官小吏却有奇异才能的，或者可以胜任大将郡守的人；对那些有不好名声，行为被人嘲笑的，或者不仁不孝而有治国用兵本领的，这样的人，你们各自所知道的都要推荐给我，不能有所遗漏。

唐朝元和年间，东都留守吕元应酷爱下棋，他养有一批食客。谁赢了他一盘，出入可备马车，如果赢两盘，可携带儿女来投宿。一天，吕留守在院中与一门客下棋。正在激战之际，卫士送来一叠公文，吕元应便拿起笔准备批复。门客见他低头批文，迅速地偷换了一个子。哪知，吕元应看得一清二楚。他批完文件后，继续与门客下棋。门客最后胜了这盘棋，心中窃喜。第二天，吕留守却携来礼品，请这位食客另投门第。其他食客不明缘由，很是诧异。后来，吕留守告诫子孙，那人偷换了一个棋子，我并不介意，但由此可见他心迹卑下，不可深交。你们一定要记住这些，交朋友要慎重。

被元世祖称为“廉孟子”的名臣廉希宪，则把德看得比才重要。一次，南宋降将、中书左丞刘整前来拜访，廉希宪十分冷淡，竟没让他坐下。刘整离开后，有个衣着破旧的南宋秀才拿着诗文来请见，廉希宪很客气地请秀才入座，与他谈论诗书，关怀他的生活，像是老朋友。事后，弟弟询问缘由，廉希宪解释说：大臣的举止进退，关系到天下。刘整的官位虽尊贵，却是背叛他的祖国和君主来归顺的；南宋秀才并没有罪过，没有必要让他难堪。当今我们的国家是从北方沙漠崛起的，我对这些文人如果不尊重些，儒家的学术从此就将失传了，这便会影响到国家的统治了。

原文：

廉者民之表也，贪者民之贼也。(包拯《孝肃奏议集》)

译文：

清廉的官吏是民众的表率，贪赃的官吏是百姓的蟊贼。

解读：

水有清浊之分，人有智愚贤不肖之别。古人就用“清”与“浊”来区分人的智愚贤不肖。

清，如水的清澈明澄，用在人身上，就是清纯、清朗、澄明、无杂质的状态，常与人的端庄、豁达、睿智、开明的风度相配；浊，如水的浊重昏暗，用在人身上就是昏沉、糊涂、驳杂不纯的状态，常与愚笨、庸俗、猥琐、鄙陋相配。

邪，指奸邪；正，指忠直。换言之，就是忠臣良士与奸贼佞臣之分。另有介于正邪之间的一类人，这类人应在具体的环境下去区分他(她)是奸邪还是正直，不能一概而论。

清白做人大多有好口碑。相反，那些不能清白做人的人，势必会落得为世人所不齿的下场。

当然，在一定情况下，因时制宜，灵活地进行变通，是为人做事必不可少的定理，这就像水一样，以不变应万变，以随意应高低之势。杜甫诗：“在山泉水清，出山泉水浊。”在原则问题上做人要“清”，在非原则问题时则不妨变通。一个人就像水一样，至清则无鱼，至浊则发臭，贵在清浊并举。

案例：

洁身自好被重用

东汉时期的杨震，人称“关西孔子”。他教了二十多年的书。大将军邓骘召请他做官，那时杨震已经五十多岁了。屡次升迁，升到荆州刺史、东莱太守。往东莱郡上任时，路过昌邑县，原先他所推荐的秀才王密，这时做昌邑县令，夜里，他怀中揣着十斤金子来到杨府中，想赠送给杨震。杨震说：“作为老朋友，我是了解你的，你不了解我，这是怎么回事呢？”王密说：“夜里没有人知道这事。”杨震说：“天知道，地知道，我知道，你知道，怎么说没人知道！”王密惭愧地出门走了。后来，他调任涿郡太守。为人奉公廉洁，子孙们吃的是粗茶淡饭，出门也不乘车。有的老朋友或家族中的长辈劝其给子孙们置办些产业，杨震却说：“我要做一个清白吏，让后世人称我的子孙为清白吏的子孙。我把这种传统留给后代，这不是给他们的最丰厚的遗产吗？”

包拯是北宋名臣，更是千百年来备受推崇的清官的首席代表，以至于有“关节不到，唯有阎罗包老”之说。

包拯一生弹劾那么多权贵，一次次惹得宋仁宗恼火，甚至口水都被喷了一脸，仁宗也并没有跟包拯计较，一如既往地赏识他、重用他。

在《包拯集》第187篇上疏中，有35篇指名道姓地揭发了61名本朝官员各式各样的腐败行径。此间，包拯曾三次弹劾了仁宗皇帝宠妃张美人的伯父张尧佐。此外，他爱惜百姓，在权至开封府期间，他撤掉了“门牌司”，把开封府的大门打开，让百姓直接到大堂之上递状陈冤，大得民心。

当时，端砚天下闻名，朝廷规定每年都要向皇宫交纳一定数量的砚台。包拯升任岭南端州知州后，发现前任官员们为了巴结权贵，每年要求端州工匠们上交高于贡品数额几倍的端砚。贡砚给老百姓们造成了沉重的负担，工匠们更是苦不堪言。

他下令规定只准按贡砚的数额征收，周县官吏不准加码，违者严惩不贷。同时保证本人不用一块端砚。当他离任时，当地精制一方好砚，赠给他作纪念，他也婉言谢绝，“不持一砚归”。

原文：

魏无知论陈平曰："今有后生考己之行，而无益胜负之数，陛下何暇用之乎？"当战争之世，苟无益胜负之数，虽盛德亦无所用之。余生平好用忠实者流，今老矣，始知药之多不当于病也。"（曾国藩《挺经》）

译文：

魏无知在评论陈平时说："现在有个年轻人，很有孝德之行，却不懂战争胜负的谋略，您（指刘邦）该如何用他呢？"当国家处于战争时期，如果一个人不懂战争胜负谋略，虽有高深德行也没地方应用他。我生平喜欢用忠实可靠的人，如今老迈了，才知道药物虽很多，却也有治不了的病。

解读：

在古代，官方的安排使用是士人的主要出路，他们的穷达主要取决于掌权者如何选材用材，事业的成败也与此息息相关。人们出于不同的动机，往往以不恰当的所谓"德"的规范去决定人才的取舍，而不是看他能否不负所托，以推进事业，而他们衡量德行的方法又常常是吹毛求疵。

曾国藩一贯重视人才，有着颇具传统道德色彩的人才观念。他认为举贤用能既是治世之道，也是"仁"德之举；在用人标准上，强调要德才兼顾，重视品德优劣。他"生平好用忠实者流"，即把人品放在选人、用人的第一位。

到晚年时，多年的经历让他发现，"有德或者有才，能有一样就已经很难了，要想两者兼全，更是没有几个。"事实上，凡是愿意出来"做事的"，大多都好名、贪财，而不贪名利者则早就隐居起来了。他总结道："对有才无德的人，不应当埋没他的长处，只需要稍微与他保持一点距离就可以了。”显然，这时他在“德才兼备”的标准上已有所让步。

案例：

慧眼识陈平

陈平，西汉王朝的开国功臣之一。少时贫困，偏偏喜欢读书、交游。等到长大成人，没有谁肯把女儿嫁给他。有个叫张负的富人，他的孙女嫁了五次人，丈夫都死了，没有人再敢娶她。张负善识人，相中了这个高大魁梧的陈平。一次，张负跟着陈平到了陈家，陈家在靠近外城城墙的偏僻小巷子里，拿一领破席就当门了，但门外却有很多贵人留下的车轮印迹。张负回家后，对儿子张仲说：“我打算把孙女嫁给陈平。”张仲说：“陈平又穷又不从事生产劳动，全县的人都耻笑他的所作所为，我为什么偏把女儿嫁给他？”张负说：“像陈平这样仪表堂堂的人怎么会长久贫寒卑贱呢？”终于将孙女嫁给了陈平。陈平资财日益宽裕，交游也越来越广。

他一开始投奔项羽，却因为正直触怒了项羽而逃亡，由朋友魏无知推荐给汉王刘邦。刘邦很赏识陈平，便封他一个为“监督”，协助自己指挥军马。当时汉王手下的周勃很嫉妒陈平，向刘邦进言道：“陈平这个人名声不好，听说从前在家乡与其嫂有不轨的行为，因此事，楚王不用他，才来投奔大王，大王如果重用此人，定会有损大王的声誉。”

于是，刘邦就把魏无知叫来，责问他为什么明知陈平品行不端，还要向自己推举他。魏无知说：“周勃重视的是‘品行’，而我重视的是‘能力’，所以才推举给大王，我认为，以我军现在的形势来看，一个人行为高洁，但如果没有能力，对我军也毫无帮助。”

刘邦听后，觉得有道理，他不但没有责怪魏无知，还为陈平加封官职。后来，陈平一生保刘邦多出奇计，后来官封丞相。

原文：

翰臣方伯廉正之风，令人钦仰。身后萧索，无以自庇，不特廉吏不可为，亦殊觉善不可为。其生平好学不倦，方欲立言以质后世。弟昨赙之百金，挽以联云：“豫章平寇，桑梓保民，休讶书生立功，皆从廿年积累立德立言而出；翠竹泪斑，苍梧魂返，莫疑命妇死烈，亦犹万古臣子死忠死孝之常。”登高之呼，亦颇有意。位在客卿，虑无应者，徒用累欷。（曾国藩《挺经》）

译文：

翰臣方伯廉正的作风，令人钦敬仰慕。然而其死后家境萧条败落，无法庇护自家亲人，这使人觉得不仅是清廉的官吏不能以他为榜样，甚至觉得善良的事情也没必要做。他一生好学不倦，正打算著书立说流传后世却不幸去世。我昨天送百两纹银帮助他办丧事，又做了一副对联悼念他，大意是说：“豫章平定贼寇，保护家乡人民，不要惊讶书生建功立业，都因为二十年积累道德学问才这样；翠竹斑如泪滴，苍梧招魂欲返，怎可疑惑贤妻死节贞烈，也如同千万载臣子死为忠孝的常行。”我这样站出来大声呼吁，颇有号召众人学习之意。然而仅处于客卿的位置上，估计无人响应，只好独自反复感叹不已。

解读：

古时贤者把清廉视作为官的操守、修养和品格，一介不苟，千古传为美谈。

为人廉洁，则为世人所敬重。唐开元年间，姚崇和卢怀慎同为宰相。某次姚崇请假，政务堆积成山，卢怀慎无法决断，向唐玄宗谢罪。唐玄宗说：“朕以天下事委姚崇，以卿坐镇雅俗耳。”可见，唐玄宗看重姚崇的是出色的行政能力，而倚重卢怀慎的则是清正廉洁的政治声望。

曾国藩晚年时，相识的某位极为清廉正派的布政使去世了，家境非常萧条，曾国藩为之鸣不平，大有灰心之意，但又与其一贯强调的为官须廉之论颇合。又因此感叹于韩愈所说的“贤者恒无以自存，不贤者志满气得”言，心路历程可见一斑。而从其所作挽联，亦可看出曾氏的怀抱。

“廉，操守之洁美；矩，行止之法度。”中国史书中都给廉吏有专门的篇章，有清廉操守的官员都受到人民的爱戴与敬仰，不但自身要廉洁，同时要尊重别人的廉洁，不能为眼前利益做出有失操守之事。

案例：

清廉的人才最难得

后汉会稽太守刘宽，为百姓做了许多好事，他离任时，会稽百姓自动凑了大批金银相赠。刘宽坚拒不收，但谢却不了当地父老一片诚心，只好拿了一枚大钱以作纪念。时人感其亮节高风，盛赞他为“一钱太守”，并修了“一钱太守庙”来纪念他。

明朝名臣于谦为官清廉。一次，朝廷派他巡察河南。返京时，人们买些当地的绢帕、蘑菇、线香等土特产回京分送朝贵，他没有接受。同时还写了一首诗表明心迹：绢帕蘑菇与线香本资民用反为殃。清风两袖朝天去，免得闾阎（指百姓）话短长。”

于谦身居兵部尚书后，日夜操劳国事，不问家产，其居所仅蔽风雨，常被错认为是农家。他曾作诗形容他的床“小小绳床足不伸，多年蚊帐半生尘”。他遭诬谄被杀，抄家时，竟“家无余资”。抄家者见正屋紧闭，还上了锁，认为必有钱财藏其内，打开一看，原来都是皇帝赏赐给他的物品。

曾国藩在《过隙影》中，郑重地写道：“当官以不爱钱为本，廉洁自律，方能上对得起天、皇上、国家，下对得起百姓、亲友、子侄。只要坚守一个廉字，就算做事偶尔有失公允，天也能谅。”

曾国藩做官几十年，从来不取一文来历不明的钱，而且发誓不靠做官来发财。他常吩咐家人拿出钱财分赠给族中的贫困者。平时与同僚的往来，也从不携礼而入，也不允许别人送礼。

曾国藩还讲“崇俭约以养廉”，因为人的欲望是无穷的，从个人到社会只有真正崇尚和提倡俭约之风才容易守住廉矩。

原文：

惟俭可以养廉，惟勤可以生明，此二语者是做好官的秘诀，即是做好人的命脉。（曾国藩《曾文正公全集》）

译文：

只有节俭可以帮助养成廉洁的操守，只有辛勤可以生成明智。这两句是做好官的秘诀，也是做好人的命脉。

解读：

“以俭养廉”是中华民族的传统美德。节俭可以帮助养成廉洁的操守。《朱子家训》有一句名言，“一粥一饭，当思来之不易；半丝半缕，恒念物力维艰”，这句话影响深远。

一些人认为，贪占一些小利不足以毁名节，其实不然。古人云“见微知著”。俗话说：一日一钱，千日千钱；千里之堤，毁于蚁穴。习惯了贪小利，手会越伸越长，终至被捉，就毫不奇怪了。古人说“勿以恶小而为之”，就是此理。许多有才华的人不能善其一生，都毁在求名逐利、贪得无厌上。

一个在生活上厉行俭朴和注重节约的人，就不会被各种物质欲望所引诱，最容易培养和形成一种淡薄享受和廉洁奉公的思想品德。

曾国藩为官后，能立志不靠做官发财，并且说到做到，确实难能可贵。

案例：

以俭养廉

殷纣王天资聪颖，闻见甚敏，才力过人。即位后，生活逐渐奢侈起来，使用象牙筷子。其叔父箕子叹息道：“他使用象牙筷子，必定不再用陶制的食器盛东西，将来还要做犀玉之杯。有了这些奢侈品，还会吃野菜粗羹吗？身上呢，肯定也要求披锦衣九重。发展下去，欲望越来越膨胀，就是耗尽整个天下财富也填不了他的欲壑啊！等搜罗尽远方难得的珍怪之物，舆马宫室渐渐齐备后，这小子也活得差不多了。我这个做叔叔的真不忍心看着他走向灭亡啊！”

果然，没过多久，纣王开始建造鹿台，豪华富丽，狗马奇物充满其中，还有酒池肉林、宫中街市，供他穷奢极欲。老百姓最后都背叛了他。

三国时，蜀相诸葛亮平时生活相当俭朴，以一国之相做到“蓄财无余，妾无副服”。诸葛亮的俸禄和得到的赏赐是丰富的，但一生崇尚节俭。他所得的绝大部分财物都用于赏赐有功将士了。诸葛亮病重期间，向刘禅呈上一份关于家庭经济状况的奏表，“今成都有桑八百株，薄田十五顷，子弟衣食，自有余饶。至于臣在外任，无别调度，随身衣食，悉仰于官，不别治生，以长尺寸。若臣死之日，不使内有余帛，外有赢财，以负陛下”。诸葛亮去世后，丞相府清点财产，果然如其所说。诸葛亮一生鞠躬尽瘁，至死“内无余帛，外无赢财”，给后世留下了为政清廉的典范。

宋代著名政治家范纯仁，是范仲淹的次子，人称“布衣宰相”。他说：“惟俭可以助廉。”他的一生，对他人总是慷慨无私、解囊相助，而他自己的生活，则一直十分俭朴。不管官位高低，他都始终如一。

范纯仁节俭到什么地步呢？以至于他后来请客吃饭，在一贯的咸菜豆腐中，加了那么两小撮肉沫，都让客人十分惊讶。

他身居高位之后，多次向朝廷举荐人才，却并没有透露出是自己举荐了他们。有些人对此十分奇怪，说：“担任宰相，怎么能不罗致天下的人才，使他们知道出于自己的门庭之下呢？”但范纯仁说，自己提携这些人，是为了国家效力，而不是为了一己的私利，即使不知道是自己举荐了他们，又有什么关系呢？

原文：

崇俭约以养廉。欲学廉介，必先知足。（曾国藩《挺经》）

译文：

崇尚节俭，是用来培养廉洁之风。要想学成廉洁，一定要先知足。

解读：

曾国藩认为，俭朴与知足是为官清廉的前提，并留下了一些名句，如知足则乐，务贪必忧。知足天地宽，贪得宇宙隘。

俗话说："猛兽易伏，人心难降；溪壑易填，人心难满。"欲望本无止境，但生活所能提供欲望的满足却总是有限的。

老子指出："罪莫大于可欲，祸莫大于不知足，咎莫大于欲得。故知足之足，恒足矣。"意思是，天下的罪过没有比贪欲更大的，天下的祸患没有比不知足更厉害的，天下的灾难没有比想掠夺更严重的。

清朝张英曾在《聪训斋语》中写道："富贵贫贱，总难称意，知足即为称意。"纪晓岚在《训次儿》中说道："事能知足心常惬，人到无求品自高。"

节俭的人必定知足。做到了知足就能无处而不自得，无处而不自安。

案例：

廉介知足，心胸豁达

沉浮官海多年的曾国藩深知知足之道，他认为知足的人会觉得心中豁然，生活更加美好。相反贪得无厌的人因为总是不停止地欲求，不停地追逐和计较，所以会觉得连宇宙都十分狭小。追名逐利不知道满足的人，即使达成一个愿望又会生出更多的愿望，因为没有满足的时候，所以整日为此伤神，精神也会越来越不济，灾祸就容易降临了。

曾国藩一生不爱钱，不贪财，严于律己。他虽位居高官，权倾一时，但生活却很简朴。居官期间，他身上的一衣一袜，都是夫人、儿媳妇或女儿亲手缝制的。他三十岁生日那天，家人帮他缝制了一件青缎马褂，他在家很少穿这件衣服，只有节庆之日或过新年时才穿，到他去世时，这件衣服依然像新的一样。

身为长子的曾国藩，对弟弟们劝导道："余以名位太隆……故将劳、谦、廉三字时时自惕，亦愿两弟之用以自惕"，他也反复告诫自己的子女："凡世家子弟衣食起居，无一不与寒士相同，庶可以成大器；若沾染富贵习气，则难望有成。""多欲如好衣、好食、好声色、好书画古玩之类，皆可浪费破家。"

同治三年，曾氏家人准备修建祠堂，大搞歌功颂德，他写信给其弟曾国潢要求不修祠堂，说"望弟于俭字加一番工夫，用一番苦心，不特家常用度宜俭，即修造公费，周济人情，亦须有一俭字的意思。"并嘱咐弟弟说："爱惜物力，不失寒士之家风而已。莫怕寒村二字，莫怕悭吝二字，莫贪大方二字，莫贪豪爽二字。"

这正是他一生"俭以养廉，直而能忍"的真实写照，也是曾家长盛不衰的奥秘所在。

原文：

不特当廉于取利，并当廉于取名。毋贪保举，毋好虚誉，事事知足，人人守约，则可挽回矣。（曾国藩《挺经》）

译文：

不仅应当正当地获得利益，还要正当地赢得名誉。不要贪图向上保举获得功劳，不要贪图虚浮不实的名誉。事事知满足，人人守纪律，那么，正当的风气就可挽回了。

解读：

范仲淹说过："举世不好名，则圣人无所用其权。"人们根本不在乎名声好坏的社会，将是一个非常可怕的社会。

希望成名成家是好事。只要不是通过损人利己的手段获取名利，都应当受到赞赏鼓励。名不能使人尽善尽美，但可以鼓励人们向好的方面努力。

"廉于取名"本是北宋文学家黄庭坚赞颂理学鼻祖周敦颐的。从 26 岁开始，周敦颐就进入仕途，他做了 30 年的地方官，主要是做司法官，建立了一些政绩。另外，他还投入了对儒学的研究与传授之中。

二程的父亲、大理寺臣程珦认识了周敦颐，见他"气貌非常人"，便与之交谈，更知其"为学知道"，同他结为朋友，随即将两个儿子程颢、程颐送至南安拜其为师受业。

他为官清廉勤勉，留下了千古名篇《爱莲说》，其"出淤泥而不染，濯清涟而不妖"的廉政精神，此文在后世产生了深远的影响。黄庭坚称颂他："人品甚高，胸怀洒落，如光风霁月，廉于取名而锐于求志，薄于徽福而厚于得民，菲于奉身而燕及茕嫠，陋于希世而尚友千古。”

案例：

廉于取名

张良，与韩信、萧何并称为“汉初三杰”。曾劝刘邦在鸿门宴上卑辞言和，这才使刘邦得以脱身。后又协助刘邦在楚汉战争中最终夺得天下，帮助吕后扶持刘盈登上太子之位。

他始终清醒地知晓范蠡退隐的先例，所以当刘邦建都关中之后，张良就开始多次称病不朝，甚至闭门不出。他在汉初刘邦剪灭异姓王的残酷斗争中，极少出谋划策，而在西汉皇室的明争暗斗中，也恪守了“疏不间亲”的遗训。他精通黄老之道，不留恋权位，据说，他晚年跟随赤松子云游四海。

曾国藩名满天下时，依然保持清醒，说：我近来混了个虚浮的名誉，也不清楚是什么原因就得到了这个美好的声名了。古代的人获得大的名声的时候正是艰苦卓绝的时候，通常不能顺利地度过晚年！想到这些，不禁使我害怕。想要准备写奏折把这些权力辞掉，不要再管辖这四省了吧，害怕背上不胜其任、以小人居君子的罪名。

曾氏兄弟平定太平天国，为清朝立了殊功大勋，朝野不断恶言。对此，曾国藩只说：“建非常之功勋，而疑谤交集，虽贤哲如此，亦不免于抑郁牢骚。然盖世之事业既已成就，寸心究可自怡而自慰，悠悠疑忌之来，只堪付之一笑。”

曾国藩教育子女不求其做官发财，甚至也不求其早日成名，只求子女为“读书明理之君子”。他说：“凡人皆望子孙为大官，余不愿为大官，但愿为读书明理之君子。”阐明了“读书为做人”“做人须读书”这样一个平实的道理。曾国藩这一思想对现今一些过于追名逐利的人仍有教育意义。

原文：

人才各有所长，不可偏弃。（《宋史》）

译文：

人才各有其长处，不可因其短处而弃之不用。

解读：

在中国几千年的历史进程中，选人用人大都讲究论资排辈，讲究“轮流坐庄”，讲究一级一级“进档”，这大大禁锢了英才们的手脚。

用人最忌按文凭、经验等框框、杠杠取才，有的人学历很高，由于不知变通，办事却很低能；有的人经历很丰富，由于悟性太差，始终没有长进。重用这种人，就可能误事。

清代诗人龚自珍云：“我劝天公重抖擞，不拘一格降人才。”可是，拘于一格，不会识人，不敢大胆用人、灵活用人的领导者随处可见。他们的做法往往使得人才无法尽其所能，间接地使企业失去生机，失去竞争力。

成功企业家识人取才，首重能力，绝不存世俗偏见，所以，他们手下总是人才济济。要知道，人才从来都是培养而成的，对他们应当放手任用。办成大事完全在于任用人才，而任用人才全在于冲破原有的格局，例如柳传志任用杨元庆和郭为等一批年轻人。如果拘泥于资格，那么一个人往往要到昏庸糊涂的老年才会得到重用。

案例：

鸡鸣狗盗有用处

孟尝君是战国时期齐国的一个贵族，他名叫田文，由于承袭了父亲田婴的封爵，封于薛（今山东省滕县东南），又称“薛公”。

孟尝君很有贤名，他不惜家产而厚待宾客，门下收养了各式各样的食客。有一年，孟尝君带着一帮食客到秦国，被秦昭王拜为相国。有人私下对秦昭王说：“你让他当秦国的相，他必定事事先为齐国打算，然后才为秦国着想。这样一来，秦国就危险了。”秦昭王听信了，把孟尝君囚禁起来，准备杀死他。

孟尝君派人去见昭王的宠妾请求解救。那个宠妾说：“我希望得到孟尝君的白色狐皮裘。”孟尝君来的时候，带有一件白色狐皮裘，价值千金，天下没有第二件，到秦国后献给了昭王，再也没有别的皮裘了。孟尝君为这件事发愁，有一个人能力很差，但他会披着狗皮盗东西，说：“我能拿到那件白色狐皮裘。”于是当夜他化装成狗，钻入了秦宫中的仓库，偷出献给昭王的那件狐白裘，拿回来献给了昭王的宠妾。宠妾得到后，替孟尝君向昭王说情，昭王便释放了孟尝君。

孟尝君获释后，立即乘快车逃离，更换了出境证件，改了姓名逃出城关。夜半时分到了函谷关。昭王后悔放出了孟尝君，再寻找他，他已经逃走了，就立即派人驾上专车飞奔而去追捕他。孟尝君一行到了函谷关，按照关法规定鸡叫时才能放来往客人出关，孟尝君恐怕追兵赶到万分着急，宾客中有个能力较差的人，但他会学鸡叫，他一学鸡叫，附近的鸡随着一齐叫了起来，便立即出示了证件逃出函谷关。出关后约莫一顿饭的工夫，秦国追兵果然到了函谷关，但已落在孟尝君的后面，就只好回去了。

原文：

无兵不足深虑，无饷不足痛哭，独举目斯世，求一攘利不先、赴义恐后、忠愤耿耿者，不可亟得；或仅得之，而又屈居卑下，往往抑郁不伸，以挫、以去、以死。而贪饕出缩者，果骧首而上腾，而富贵、而名誉、而老健不死，此其可为浩叹者也。（曾国藩《曾国藩日记》）

译文：

没有军兵，尚不足焦虑；没有粮饷，也不足痛哭，只有举目当世，想求得一个见利不争、义字当头、忠诚耿直的人才，不得立即得到；或者仅得一个，却又因地位卑下，往往因此抑郁不舒，受尽挫折，终至罢官死亡。而那些暴虐贪婪善于钻营的人却因占据高位而享受富贵，受人尊重，健康长寿，直至衰老，这是真正令我慨叹无奈的事啊！

解读：

历史上，出现了太多庸才、小人得志的事件，在特定的时代背景下，庸才、小人得志绝非偶然。庸才、小人可谓无处不在，无孔不入；无人不知庸才、小人的害处，无人不痛恨庸才、小人，无人不防备庸才、小人。但是他们依然得志，甚至飞扬跋扈。

庸才、小人为什么能得志？他们一般工于心计，善于伪装，为达目的而不择手段。

战国初期军事家孙膑遭受魏惠王膑刑和黥刑，被残忍地砍去了双足，在脸上刺字，使他终身残疾。他开始并不知道魏惠王为何如此待他，最后才弄明白，是自己同窗好友庞涓进谗言迫害所致，同为鬼谷子的弟子，庞涓却是一个心胸狭窄的小人。

案例：

庸才不举，非才不用

晚清绿营将领中，浮华之风盛行，曾国藩认为首先要以封建道德观念、儒家仁义忠信武装将领，使之成为忠将、良将，以无负君父家国之望。他反复强调："今欲图谋大局，万众一心，自须别开生面，薪新日月，专用新招之勇，求忠义之将。"

他认为满蒙贵族，绿营将领几无一人可用，"旧求满蒙宗藩勋旧之中，则旧科难改；若求之汉人卿相督抚之中，则殊乏妙选"。他"念营将积弊不可用，纯用书生为营官，率诸生员、文童，以忠诚相期奖"。

曾国藩认为："大抵拣选将材，必求智略深远之人，绝不能选用阘冗者。"他指出："其阘冗者，虽至亲密友，不宜久留，恐贤者不愿共事一方也。"曾国藩力求从书生中选拔人才，借助于他们的知书达理，努力克服绿营将领缺乏韬略的弊病。

胡林翼常就士大夫的贤愚征询曾国藩的意见，只要曾国藩有一句好评，胡林翼就想方设法地任用他们，并委以重任。当时，曾国藩所力荐的人中，就有多隆阿和鲍超二人。多隆阿熟悉军事，有勇有谋，攻守有方；鲍超是后起之秀，勇猛绝伦，能战能胜，功勋显赫。二人可谓不相上下。曾国藩扬长补短，使二人各自发挥应有的作用。

曾国藩曾对多隆阿说："鲍超粗鲁骁勇，不是良将，蒙你的保护才有今天。鲍超的功劳，就是你的功劳，望你今后还要好好照顾他。"反过来他又对鲍超说："多公（多隆阿）说你有勇无谋，你要多多努力，别让别人说闲话。"在一次战斗中，太平军的各路人马铺天盖地而来，鲍超兵少欲退，曾国藩派人骑马飞驰送信告诉他：贼冠虽然很多，但初来乍到并不可怕，你要学习胡林翼等人的忠勇谋划，把生死置之度外。你的英名已为世人所知，你要好自为之。鲍超读信后，信心为之大增，他重整旗鼓，奋力杀敌，终获全胜。

原文：

勤所以儆惰也，谦所以儆傲也。（曾国藩《挺经》）

译文：

勤苦可用来警醒惰性，谦逊可用来警醒傲气。

解读：

古人修身治人之道，不外乎勤、谦。

古今成大事者，不在于必须拥有优秀的先天禀赋，而更多地在于付出了后天的勤奋和努力。勤奋，一向为古人所赞扬。囊萤、映雪、悬梁、刺股等故事流传了千百年，可谓家喻户晓。韩愈的“焚膏油以继晷，恒兀兀以穷年”，更为读书人所向往。如果不勤奋，那么，天资再高也无用处。

周文王治理周国，大约五十年。为了在险恶的政治条件下求生存、图发展，实现灭商的宏图大业，他整天忙忙碌碌，连吃饭的时间都没有。后来周公告诫成王不要贪图安逸享受，就用文王勤于政事为例，说：“自朝至于日中昃，（文王）不遑暇食，用咸和万邦。”“不遑暇食”便成了人们熟知的一个成语。

“勤”字为人生第一要义。曾国藩说：“千古之圣贤豪杰，即奸雄有立于世者，不外一‘勤’字。”不管是居家、居官、行军，都应该要以“勤”字为根本。天道酬勤，一个人不管他的资质如何，只要能勤奋、坚持不懈，终能有所成就。

曾国藩天资平平，一生事功在很大程度上是因其勤勉守恒所致。曾国藩说："古之成大业者，多自克勤小物而来。"他认为，勤如天地之阴气，立身居家，做官治军，都是依赖阳气鼓荡。勤则兴旺，隋则衰颓。所谓勤，就是手眼俱到，心力交瘁，困知勉行，夜以继日。勤字功夫，一是要早起，二是要守恒。因此，他推崇早起，以早起为第一先务，认为治家要以不晏起为本。

案例：

勤者大有前途

无论在军队还是在官场，曾国藩每天很早就起来，一直工作到深夜。数十年如一日。下属呈送的公文，他都要亲自过目，亲手批改，很少要别人帮忙。曾国藩晚年右眼不幸失明，但他仍每日勘阅公文，写日记，尤其是写日记，直至临死的前一天才停止。他任直隶总督期间，在清理陈旧案件时，凡重大案件均亲自审理，半年结案四万一千余件。

他写家书，恐怕也是古往今来最多的。据现在权威的《曾国藩全集》统计，从1840年至1871年32年间，他共写了1459封家书，约110万字。平均每年73封，最多的一年是1861年，共235封。据说，他真正写过的家书，比这数字几倍不止。用人时，曾国藩不喜欢那些投机取巧的所谓"聪明人"。他最喜欢的，是那些肯脚踏实地、埋头苦干、勤奋用功的人。

曾国藩将早起列为修身养性的"八本"之一，"治家以不晏起为本"。还特意写信让弟弟督促自己："傲为凶德，惰为衰气，二者皆败家之道。如闻我有傲惰之处，亦写信来规劝。"

他每天凌晨4点就起床。在日记中，他不仅记录了自己有规律的作息时间，还特别阐述了自己由"晚起"变"早起"的"勤、谦"之道。

他还视"早起为养生第一秘诀"。在他的影响下，家中、幕僚、将领也无不仿效，没有一个睡懒觉的。

曾国藩的日常安排：

上半日：见客，审貌听言，作折核保单，点名看操，写亲笔信，看书，习字；

下半日：阅本日文件，改信稿，核批札稿，查记银账目；

夜间：温诗、古文，核批札稿，查应奏事目。

名臣左宗棠也是一位勤奋之人。他少时屡试不第，转而留意农事，勤奋读书，钻研舆地、兵法，这对他后来带兵打仗、施政理财起了很大的作用。虽然左宗棠不能沿着“正途”进入社会上层，但他的才干得到了当时许多名流显宦的推重。识人极有眼光的大臣潘祖荫，曾向咸丰帝写了一道著名的奏疏，其中说:“国家不可一日无湖南，湖南不可一日无宗棠也。”这两句话，让左宗棠的名字几乎一夜传遍全国。此时，左宗棠不过是湖南巡抚骆秉章的幕僚，也就是个帮忙的师爷。成为封疆大吏后，左宗棠常抽空写家书告诫儿子，务必勤学苦读，不要虚掷了宝贵的少年时光，务必保持克勤克俭的家风，不要忘本，不要骄横乡里，不得染上纨绔习气。

容貌

卷三

原文：

相由心生。（《无常经》）

译文：

有什么样的心境，就有什么样的面相。

解读：

俗话说：相由心生。经验丰富的人，的确能从一个人的形象神态上推断、鉴别他的心性才能。

从心理学的层面来说，每个人的面相都反映着其相对应的身体和心理的状态，一个身体有病或者苦恼忧愁的人通常愁云密布、眉头紧锁、气色暗淡，一个身体健康、身心愉悦的人，其通常都天庭饱满、红光满面、神采奕奕。

古人强调一个人的言谈举止、气质、品貌是一个人内在自我的外在表现，一个人的相貌如何，是由他的心态、品行所决定的。心理龌龊、品行不端的人，面相也将随之变得狡诈、卑鄙；心理健康、品德高尚的人，面相也将随之变得和蔼、慈祥。正因如此，中国京剧才把人脸谱化符号化。比如，红脸的关公忠肝义胆，白脸的曹操阴险狡诈，黑脸的张飞粗犷鲁莽。

从外表上考察人物固然有失偏颇，但很直观。古人对相貌有着深入的研究，相士从三十六行起便跻身其中，大到整个脸部轮廓小到一根眉毛都会有精当的讲究。

通过容貌来预测一个人的富贵贫贱、家庭婚姻、寿命长短等，早在春秋战国时代就已相当盛行。

东汉王充《论衡》阐述人的骨骼、形体、相貌同人的性格和命运的关系，列举了黄帝、颛顼、帝喾、尧、舜、禹、商汤王、周文王、周武王、周公、皋陶、孔子、刘邦、吕后、汉惠帝、汉元帝王皇后、赵无恤、黥布、卫青、周亚夫、秦始皇等历史名人的相貌特征以及被相面者相中的故事。

就相貌来看人，最要紧的是“五官端正”。端正即是匀称之意，“五短身材”之所以相法上目为贵格，就在匀称。就五官的个别而言，在男子眉宁粗勿淡，眼宁大勿细，鼻宁高勿塌，口宁阔勿小，耳宁长勿短，当然要恰如其分，过与不及，皆非美事。

有趣的是，美国总统林肯也热衷于“相面术”。一次，朋友向他推荐某人为阁员，林肯却没有用他。朋友不解，林肯表示不喜欢他那副长相，他认为一个人过了四十岁就该对自己的脸负责。这不无道理，人的内心活动与实际生活对人的相貌有着很大的影响。个人可以通过修身养性，完善内在的自我，进而改善外在的我。

在福尔摩斯探案小说中，福尔摩斯在看了一个退伍老兵一眼后，立刻就猜出了他的重大经历：在阿富汗当过兵，参加过两次重大战役，腿上受过伤，退伍后做烟草生意……可见，“相人”绝不是没有根据，是有规律可循的。如果一个领导不会“以小见大”，无法从一个人的精神面貌以及言谈举止上去分辨下属的品性，那么，他的工作肯定会遇到挫折。

案例：

以貌识人

一个人的个性、心思与作为，可以通过面部特征表现出来。这里的“相”不是指一时相貌的改变，而必须从长期的角度来理解，流传甚广的唐代裴度的故事便是如此。

唐朝人裴度，年轻时时运不济，屡试不中。一天，在路上巧遇一高僧。高僧看了裴度的脸相后，说恐怕有饿死的横祸。裴度听后，亦不在意。某天，他到一间破庙避风雨，发现一条价值不菲的玉带，决定等待物主出现。不久，一名女子匆匆来到，裴度上前探问，得知玉带是该女子所遗失，该女子将用来变卖以便救出狱中的父亲。她对裴度千恩万谢。后来，那位高僧又见到了裴度，却惊奇地发现他的灾祸已经破解了。高僧说正是这件善事救了裴度一命，而且以后会大富大贵。其后，裴度果然高中进士，最终，他位极人臣。

三国时的名相诸葛亮认为大将魏延脑后长有“反骨”，将来必会闹事造反，所以早就安排了杀魏之计。元朝末年，身为进士的浙江人刘伯温（刘基）一见到了朱元璋的那张麻脸后，竟宁愿弃官而去，追随这个农民军中的小头领。据说，刘伯温已经看出此人是“真命天子”。

从先秦到宋，出于人之常情，长得好看的人在选官时比丑的更受欢迎，但容貌并不占重要地位。

到了明清，容貌在选官时的重要性大大提高。在官员的考核中，容貌的评价竟占到了六分之一；科举殿试时还经常以容貌定状元。太祖朱元璋自己长得叫人不敢恭维，但对状元和官员的容貌却挑三拣四，十分可笑。很多有才华的人因为相貌丑陋而落选。

明建文帝时，朝廷策试中试举人有个叫王良的对策最佳，但以其貌不扬，被抑为第二，原本第二的胡靖擢为第一。后来建文帝亡国，倒是王良以死殉国，而胡靖却投靠了朱棣，做了高官。明英宗对朝臣的相貌也特别看重，天顺时，大同巡抚韩雍升为兵部侍郎，英宗发诏让大学士李贤举荐一个与韩雍人品相同的人继任。李贤举荐了山东按察使王越。王越人长得身材高大，步履轻捷，又喜着宽身短袖的服饰，英宗见后很是满意，认为是爽利武职打扮，后来王在边陲果然建立战功。

清乾隆时，有佐证可以证明乾隆喜欢将美男子作为朝中大员，最典型的例子就是和珅。在清朝时，选官向来是以“身、言、书、判”作为首要条件的。所谓身，即形体，需要五官端正，仪表堂堂，否则难立官威；所谓言，即口齿清楚，语言明晰，否则有碍治事；所谓书，即字要写得工整漂亮，利于上级看他的书面报告；所谓判，即思维敏捷，审判明断，不然便会误事害人。在这四条标准之中，“身”居首位，是最重要的。

以貌识人，也并非万能。夏桀、商纣长相俊郎，身材魁梧，堪称美男子，而且勇武超群，智慧过人。然而，他们却是残虐众民的暴君。与此相反，历史上其貌不扬的奇才却大有人在。楚国的孙叔敖，头发短且稀疏，左手长右手短，五短身材，却能辅佐楚王，使楚国成为强国之一。

三国时，凤雏庞统与诸葛亮齐名，初投刘备时，刘备“见统貌陋，心中不悦”，令其去一偏僻小县耒阳任职。庞统不问政事，日日醉酒。刘备于是命张飞前往视察，庞统当着张飞的面，边听诉状边判案，几个月积压的官司，只用三天就判清。张飞急忙回朝复命，刘备便召见庞统，与之畅谈后，对他大为器重。

钟馗是我国民间专门驱鬼的神，据说历史上确有其人。他生于唐代，极有才华，只因相貌奇丑，考中进士而不为皇帝所用，皇帝说他的相貌丑得连鬼都怕，讥笑他只能祛鬼。根据《旧唐书》记载，考试合格只是基本要求，最终得到官职，还有吏部的四道关卡要过，其中有一条便涉及长相。看来钟馗蒙受冤屈的传说是有着现实依据的，想必他的经历曾引起历代读书人的共鸣。

原文：

君子整其衣冠，尊其瞻视，何必蓬头垢面，然后为贤？（魏收《魏书》）

译文：

君子须让自己衣冠端正，让自己颜面干净，何必蓬乱头发，污秽面容，然后被称作贤人呢？

解读：

一个人的仪表、仪态，是其修养以及文明程度的表现。

古人认为，举止庄重、进退有礼、执事谨敬、文质彬彬，不仅能够保持个人的尊严，还有助于进德修业。古代思想家曾经拿禽兽的皮毛与人的仪表仪态相比较，禽兽没有了皮毛，就不能为禽兽；人失去仪礼，也就不能成其为人了。

“有感于内，必形于外”。一个人的修养往往表现于外表，举止衣着，先有三分气象，话未出口，已有七分先机。一个体态潇洒、仪表堂堂、言谈自如、举止文明的人，会给人留下美好的印象；反之，则给人以不良印象。一个人应把整洁、美观、大方和文明礼貌作为其仪表的重要内容，过分打扮固然不好，但谈吐庸俗、不修边幅也不好。

古人对仪容仪表的要求中最重要的，有如下三个方面：

（一）衣着容貌：《弟子规》要求“冠必正，纽必结，袜与履，俱紧切”。这些规范，对现代人来说，仍是必要的。帽正纽结，鞋袜紧切，是仪表类观的基本要求；如果一个人衣冠不整，鞋袜不正，往往会使人产生反感甚至恶心，有谁会亲近这样的人呢？当然，衣着打扮，得体大方即可。浓妆艳抹，矫揉造作，只会适得其反。

（二）行为举止：孔子说“君子不重则不威，学则不固”。这是因为，只有庄重才有威严。具体说来，要求做到“站如松，坐如钟，行如风，卧如弓”，就是站要正，坐要稳，行动利索，侧身而睡。在公众场合举止不可轻浮，不可轻亵，应该庄重、谨慎而又从容，合乎礼仪规范。

（三）言语辞令：古人说“修辞立其诚，所以居业也”。将诚恳地修饰言辞看成是立业的根基。并且要“言必信，行必果”。巧言令色的人，是不可能取信于人的。其次是慎言。古人说，上天生人，于舌头上下两排牙齿紧密围裹，又在外面包一层厚厚的嘴唇，就是要人们说话一定要谨慎。

虽说时代不同了，但古人对仪容仪表的重视及要求，是值得今人借鉴的。

案例：

由仪容气度识人

封轨，南北朝时期北魏官员。为人朴实稳重，勤奋好学。封轨十分注重修饰自己，仪态容貌甚为伟岸。有人说：“学士从来都不注重修饰，这位贤者为何独独这样呢？”封轨听到此话，笑着说：“君子应当整饰自己的衣冠，尊重自己的形象，何必要蓬头垢面，然后才称为贤者呢？”那人听后，无言以对。

东晋奸雄桓温生平只佩服两人，其一是西晋末期在并州地区抵抗强胡的那位“闻鸡起舞”的刘琨。北伐后，桓温带回一个“巧作老婢”，是刘琨从前的府中歌妓。当时，这老妇一见桓温，便潸然泪下，说他长得很像刘琨。桓温大喜，回屋整装束发加冠，又来询问详情。老妇回答，您的面貌很像，就是面皮薄了一点；眼睛也很像，可惜小了一点；胡须的样子很像，可惜您是红胡子，不如他的乌亮；身材也差不多，奈何您不及他高；声音也像，但是您有点娘娘腔。把桓温气得摘下帽子，脱了袍子，干脆跑去蒙头大睡，好几天都很郁闷。

桓温征伐蜀郡时，在白帝城看到了石头摆下的八阵图。这时桓温自认为了不起，就问一名年轻时曾跟随过诸葛亮的老兵，孔明先生有些什么超过常人的地方？老兵回答道：也没啥超过常人的地方。只是在诸葛先生去世以后，这几十年来，又看了许多人，可就没有一个比得上他。桓温听后十分惭愧。

曾国藩初见同治皇帝：身材瘦弱、面孔苍白、一脸稚气——全无一点圣象。曾国藩欲召幕僚，目测墨海书馆的名士王韬：矮胖臃肿，眉毛粗黑，两只鱼泡眼松松垮垮，毫无神采——酒色之徒，今生难成大器。这二人当时虽一为皇帝，一为名士，但仪容气质并不好。

原文：

君子有九思：视思明，听思聪，色思温，貌思恭，言思忠，事思敬，疑思问，忿思难，见得思义。（孔子《论语》）

译文：

君子有九件用心思虑的事：看要想到看明白没有，听要想到听清楚没有、神态要想到是否温和，容貌要想到是否恭敬，言谈要想到是否诚实，处事要想到是否谨慎，疑难要想到是否要求教，愤怒要想到是否有后患，见到有所得到要想到是否理所该得。

解读：

孔子说，君子有九件用心思虑的事，“容貌要想到是否恭敬”是其中之一。

古人认为，容貌恭敬是吉利，不恭敬就会怠惰、倨傲、骄纵，这样一来就会有祸患；如果举止端庄则吉利，如果不是举止端庄，如步履太大，高视阔步，站位不当就会有祸患。这些观点都是根据人情事理，和阴阳五行灾异之说迥然有别；只不过是论述容貌的地方比论述举止的地方多一些罢了！

古人在《日省编》一书中曾提出“居官四勿”的观点：“勿谓一念可欺也，须知有天地鬼神之鉴察；勿谓一言可轻也，须知有前后左右之窃听；勿谓一事可忽也，须知有身家性命之关系；勿谓一时可逞也，须知有子孙祸福之报应。”其实，无论是古代为官，还是今朝处世，把持一种虔诚恭敬的人生态度至关重要。

依据容貌举止识人的说法，唐代的名相宋瑾也有所论述：

（1）站立要像乔木松柏一样，端坐要如华山泰岳一样，前进要像太阳一样朗朗正正，意气垂豫，不疾不徐；后退要如流水一般，步履轻盈、态度安详，既不颠蹶，也不背逆，这样的人是高居上位的君子之相。站立时容貌端肃像斋戒一样，端坐时容貌如同参拜祭祀一样，拜见高贵显荣之人时，不自觉地浩浩落落，步履轻飘；辞别孤立无援、贫寒微贱士人时，不自觉地依依不舍，步履徘徊，这样的人是身处下位的君子。

（2）在众人瞩目的地方，落座时故意作庄严肃穆状，于稠人广众之中，进退举止，故意装作安然舒泰，一拱手一作揖都显现出骨头软、屁股大者，是身居上位的小人。

（3）站立落座都不端正，手脚不停地摇摆，进见时则惊慌张皇、举止失措，退去时则急走快跑，形象慌张，肩也耸，背也摇，是身居下位的小人。

现代社会里，言谈举止也能反映出一个人的学识修养、社会地位等。言谈得体，举止端庄的人，当然受人尊敬，在社交活动中也容易被人接受。一个举止傲慢、妄自尊大的人，常常得不到别人的尊敬，而且会丧失许多良机。

案例：

由容貌是否恭敬察人

《东周列国传》里有一段故事：秦军攻打郑国时路过周朝都城北门。许多人都赞叹秦军骁勇，认为必胜。但一小童对周襄王说："按礼仪，经过天子脚下应脱甲步行，可秦人仅脱甲衣却未放慢脚步，是无礼；人跑到马车前面，以步超车，是轻慢。无礼则易乱，轻慢则少谋，此行必败！"后来秦军果然大败。这就验证了东汉史学家袁康讲的：真正有智慧的人，往往能够"见微知著，睹始知终"。

《后汉书》记载，汉桓帝时梁冀秉持国政，兄弟富贵盛极，骄傲恣肆，喜欢驱马驾车，长驱直入，甚至回家时仍然马不停蹄，长驱而入，老百姓称其为"梁家灭门驱驰"，后来梁冀兄弟及家人果然被诛灭。

唐代的韩滉，任地方官有政绩，唐德宗把管理国家财政开支的重任交给他。

韩滉长时间担任浙江东西道观察使，他任人唯贤，用其所长，把每个人都安排在最恰当的岗位。曾经有老朋友的儿子上门求职。韩滉考核他的才能，结果一无所长。韩滉请他吃饭，发现从开筵到散席，这个人从不左顾右盼，也没有与坐在旁边的人说一句话。这时韩滉对怎样使用这个人已心中有数。几天后，韩滉让他担任随军一职，专门负责监管物资仓库大门。这个人上岗之后，终日正襟危坐，不离职守，严格把关，所有吏卒没有人敢随便出入库仓。

原文：

夫色见于貌，所谓征神。征神见貌，则情发于目。（刘劭《人物志》）

译文：

神色表情体现在相貌上，这就是所谓的心神的表征。心神的表征体现在相貌上，情志状态体现在眼睛上。

解读：

人身之有面，犹室之有门，人未入室，先见大门。

表情是人内心的情感在面部、声音或身体姿态上的表现。人们常说情动之于心、形之于外、传之于声就是这个道理。

在特定的环境中，表情也是不同的人们心情的体现，更是逼真反映人性的一面“不会说谎的镜子”。人的脸常常被称为“第一表情”，而手、腕、肩名列第二，身体和脚则为第三。在人们大量的日常交往中，表情所传达的无声的感情信息比任何生动的语言都要更加微妙。如果你想了解对方，看着对方不断变化着的面部表情，就能知道对方的情绪反应。

如果在与人交往时忽视了表情的合理运用，就很有可能招致不必要的麻烦。例如，你永远不要一边对人说着“欢迎欢迎”，一边却面无表情，一边与人亲切握手，一边眼神却环顾四周；否则，你的傲慢与无礼将使你的人际交往寸步难行。

案例：

从表情考察内心世界

春秋时期，梁国只是一个小国，但梁惠王想有一番大的作为，因此频频召见天下名士。

一位宠臣把策士淳于髡推荐给惠王，惠王屏退左右亲信，单独接见淳于髡两次，但淳于髡始终没说一句话。惠王感到奇怪，责备推荐淳于髡的那位宠臣，那位宠臣转告了淳于髡。淳于髡说，我第一次见梁王，梁王内心在想着骑马驰骋；第二次见梁王，梁王内心在想着欣赏音乐，所以我才沉默不言。

宠臣将此话告诉梁惠王，梁惠王大吃一惊，叹服淳于髡有圣人之明。据梁惠王自供，第一次与淳于髡相见，恰有人送上一匹骏马，梁惠王跃跃欲试。第二次，恰有人献上一组新曲和舞女，他急着想去听。

后来他们安排了第三次见面，连谈三次，淳于髡最终没有接受梁惠王的相国之职。

燕国太子丹为了避免被秦国征服的命运，决计向秦王“示好”，派刺客荆轲、秦舞阳赴秦，献上燕国的督亢地图，还有秦国叛将樊于期的头颅。谋刺行动瞒过了秦王，进行得十分顺利，却在紧要关头，被秦舞阳坏了大事。这名杀人不眨眼的少年，没见过世面，有勇无谋也没胆，一见秦国朝堂那副威严样子，脸色又青又白，乱了步调。秦王起疑，要看秦舞阳手中的地图，荆轲被迫仓促出手行刺，功败垂成。

原文：

诚中形外，根心生色，古来有道之士，其淡雅和润，无不达于面貌。余气象未稍进，岂耆欲有未淡邪？机心有未消邪？当猛省于寸衷，而取验于颜面。（曾国藩《曾文正公全集》）

译文：

诚恳存于心中就会显现在人的外貌上，有什么心灵就有什么颜色神气，古代的有道之士，他们的淡雅、温和、谦逊，无不展现于他们的外表神情上。我的气色并没有什么变化，是不是各种欲望没有淡化，算计之心没有消弭？我应该在心中好好反省，让自己内心的涵养从相貌神色上来检验。

解读：

一个人的内心世界是要表露于外的，有什么心灵就会有什么神情表露。

曾国藩指出，“相由心生；有感于内，必形于外”，他会客选才时，往往“注视移时不语，见者悚然，退则记其优劣，无或爽者”。

不过，曾国藩看容貌着重的是整体的和谐，而不是个别独立的观察，这在论相上算是比较进步的观念。

曾国藩还总结出一套方法——“邪正看眼鼻”，“真假看嘴唇”，“功名看器宇”，“事业看精神”，“寿夭看指爪”，“风波看脚跟”，“若要看条理，尽在语言中”……

他强调观察透视人的言行、表情和态度中所流露出的稳定的心理过程和心理特征，再通过对世事人生的体验，总结归纳这个人的前途和命运。

《冰鉴》即其鉴人专著，取以冰为镜，能察秋毫之义。曾国藩摒弃传统相术之习俗，重神兼之以形，重常而辨之以奇，重理而导之以术，从整体出发，就相论人，就神取人，从静态中把握人的本质，从动态中观察人的归宿。其鉴人观人之法在今天亦有重要的实用价值。

案例：

以冰为镜，能察秋毫

曾国藩有一套识人术，帮助他罗致了一大批俊彦才杰，如李鸿章、李瀚章、左宗棠、郭嵩焘、彭玉麟、沈葆桢、江忠源等等。这些人不仅帮助曾国藩成就一代伟业，而且各有建树。

他在《冰鉴》中有一段精辟的论述：文人在研究、观察人的“神”时，一般都把神分为清明和愚浊两种类型。浊是容易区分的，但“清”中的正邪却很难分辨。要想区别。得先观察其行动和安静时的眼神；安静时，两眼光华熠熠，又真情内蕴，宛如两颗晶莹的明珠，含而不露；行动时，两眼安详沉稳，又敏锐犀利，宛如春木抽出的新芽，有节有序，生机勃勃；安静时，目光湛然清明，不为外物所扰，旁若无人；行动时，目光锐利，如射击者瞄准靶子，一发中的。以上这两种情态，澄明清澈，清明至极，属“清”中之正；安静时，目光像萤火虫一样闪烁不定；行动时，目光像流水一样游移不定。以上两种神情一则善于掩饰，一则奸诈在内心萌动。安静时，两眼似睡非睡，似醉非醉，是一种深谋远虑的神情；行动时，两眼像鹿一样惊恐不定。以上两种一则是指有智有能而不循正道之人，一则是指深谋图巧又怕被人窥见的神情。具有前两种神情者是有瑕疵之辈，具有后两种神情者是含而不发之徒。都属于“邪”，但都混杂在清明的神情内，是观神时所必须辨别清楚的。

曾国藩为人威重，长须，三角眼睛棱角分明。每次接见幕客，注视很长时间却一言不发，被接见者精神不免紧张不安。幕客走后，曾国藩记其优劣，从没有差错。

某次，李鸿章带了三个人请曾国藩任命差遣，当时曾国藩正在散步，那三人就在一旁恭候。

散步之后，李鸿章请他接见那三人，曾氏却说不必了，李鸿章很惊讶，曾氏说道：“在散步时，那三人我都看过了，第一个低着头不敢仰视，是一个忠厚的人，可以给他保守的工作；第二个喜欢作假，在人面前很恭敬，等我一转身，便左顾右盼，将来必定阳奉阴违，不能任用；第三个双目注视，始终挺立不动，他的功名，不在你我之下，可委以重任。

后来三人的发展，果然不出曾氏所料，而第三人就是开发台湾有功的刘铭传。

实际上，曾国藩观察人并不完全以貌取人，譬如罗泽南“貌素不扬，目又短视”，骆秉章“如乡里老儒，粥粥无能”，但他都能倾心结好，称为奇才，并委以重任。又如塔齐布，因为他出仕很早，穿草鞋，每朝认真练兵，也为曾国藩所赏识。后来一力保举他，并且说：“塔齐布将来如打仗不力，臣甘同罪。”

原文:

语云:“脱谷为糠，其髓斯存。”神之谓也。“山骞不崩，唯石为镇。”骨之谓也。他家兼论形骸，文人先观神骨。开门见山，此为第一。(曾国藩《冰鉴》)

译文:

俗话说:“去掉稻谷外壳，稻谷的精髓立刻呈现。”这个精髓，就是指一个人的内在精神。“山岳表面的泥土虽然经常脱落流失，但它却不会崩倒，因为它的主体部分是坚硬的岩石。”这里所说的岩石，相当于一个人身上的骨骼。

观察别的人，既要看他的内在精神状态，又要考察他的外形。作为文人，则主要看他们的精神状态和骨骼。好比开门见山，这是鉴人的首要之事。

解读:

识人观人，神骨为先。神，主要是体现在眼睛上;骨，主要集中在一个人的面孔上。观察一个人的“神”，可以辨别他的忠奸贤肖。

古代士、农、工、商四等人物，士列第一，士即读书人。曾国藩以文人带兵，又多以书生为骨干，说“文人先观神骨”，表明作者把读书人作为《冰鉴》的主要对象。

曾国藩所强调的“神”，并非我们常说的“精神”一词，它有比“精神”内涵广阔得多的内容，它是由人的意志、学识、个性、修养、气质、体能、才干、地位、社会阅历等多种因素构成的综合物，是人的内在精神状态。一位成功的画家，对于人物的最好的表达，莫过于能够抓住他(她)的神采，如世界级名画——《蒙娜丽莎的微笑》。

曾国藩非常重视自己神骨的培养的，早年他做有一副对联：养活一团春意思，撑起两根穷骨头。说的便是神骨。

“神”正其人正，“神”邪其人奸。读书读到相当程度，头面上的气质与其他人有不同。在经纶事务中成长，历经考验，气质神态又有不同。

貌有美丑，肤色有黑白，但这些都不会影响“神”的外观。“神”有一种穿透力，能越过人貌的干扰而表现出来，不会因人一时的喜怒哀乐而发生大的变化。比如人们常说“某某有艺术家的气质”，这种气质，不会因他的发型、衣着等外貌的改变而完全消失。气质即是“神”的构成之一。

“神”并不能脱离具体的物质东西而超然地存在。骨骼是人体框架的根本支柱。骨之于人体，犹山石之与泥土。泥土脱落流失，但山石巍然屹立，仍足以见其雄壮；人体相貌即使有什么损伤缺陷，但骨之丰俊神韵不会变化，仍足以判断人的显达。

“形”是“神”的藏身之处，但又与“神”有着分割不开的关系，“神”必须通过形来表现。这种复杂的关系，说明日常观人时，既要由“神”观“形”，又要由“形”观“神”，二者不能割裂开来单独地看。

案例：

察人精神气质

北宋时，苏轼曾与朋友谢景温出游，一路相谈甚欢。这时，一只受伤的小鸟从树上掉下来，谢景温抬腿就把这只小鸟踢到一旁。他这个看似漫不经心的动作，让苏轼心凉半截：这一定是个轻贱生命、损人利己之徒，不可深交。此后，苏轼便与谢断交。谢景温的妹妹是王安石的弟媳，所以深得王安石的重用。他为讨好王安石，便诬陷苏轼运售私盐，企图将他治罪。时人皆叹苏轼果能识人。

明朝大将洪承畴在松山战败被俘后，清人极力劝其投降，但洪承畴誓死不降，骂不绝口。范文程前去劝降，交谈中，时有梁上积尘飘落于洪承畴的衣襟之上，洪屡屡拂拭之。机敏的范文程见此情景，断定洪承畴必可说降。他禀告皇太极，承畴如此爱惜旧衣服，何况他的性命？不久，庄妃以美色劝降，遂成功。在这里，范文程是通过“掸灰尘”这个动作，来判断洪承畴的内心，得出其有求生愿望的结论的。

与部属吃饭也是一个很好的观人机会。曾国藩每天中午都会固定与幕僚一起用餐。有一回，正在吃饭时，饭中有没去壳的稻谷，曾国藩看到一位戚姓幕僚，居然仔细地把每一颗稻谷挑出。饭后，曾国藩立即差遣账房拿出20两白银给这位幕僚，请他返乡。众幕僚不解，曾国藩认为，他才刚从农村到湘军总部，不到一个月的时间，就忘记了俭朴的道理，留在军营中，恐怕迟早会见异思迁。众幕僚纷纷求情，曾国藩才留下他，调去负责管理菜园。戚某从此放下身段，每天与仆役一起耕作，甚至比别人更努力劳动。曾国藩长期观察他的改变，一年后，把戚某召到身边，重新起用他。其后，戚某从一个乡下人，一路做官至观察使。

原文：

一身精神，具乎两目；一身骨相，具乎面部。（曾国藩《冰鉴》）

译文：

一个人的精神，主要反映在他的两只眼睛里；一个人的骨相，主要集中在他的面孔上。

解读：

这十六个字可谓《冰鉴》一书的精华。看人的神骨，主要从两个方面去考察：一个人的精神状态，主要集中在他的两只眼睛里；一个人的骨骼丰俊，主要集中在他的一张面孔上。此说虽带有一点相术色彩，但也有一定的参考价值。

眼神是心灵之窗，心灵是眼神之源。眼睛在人的五种感觉器官中是最敏锐的，大概占感觉领域的70%以上，因此，被称“五官之王”。在眼球后方感光灵敏的角膜含有1.37亿个细胞，将收到的信息传送至脑部。这些感光细胞，在任何时间均可同时处理150万个信息。这就说明，即使是一瞬即逝的眼神，也能发射出千万个信息，表达丰富的情感和意向，泄露心底深处的秘密。

希腊神话中，世人若被怪物三姐妹中的美杜莎看上一眼，立刻就会变成石头，这是将眼睛的威力神化了。

人们常用“双目炯炯有神”来描述一个人的精力旺盛、机敏干练。按中医理论，肝，其华在目，一个人肝有病变，从眼睛就可以看到一些症状。如果一个人双目极有神采，熠熠生辉，表明肾气旺盛，身体状况好；肾虚病人常常精神状态不佳缺乏活力，难以集中精神工作。

东晋著名画家顾恺之画人像，有时放好几年都不点眼珠。人们不解其故，他便解释说，相貌画得美丑一些都无关大体，要传达神态，关键就在这眼珠上。这种思路源于汉代女相学家许负，许负《相法十六篇》云：”一尺之面，不如一寸之眼。”

人的喜、怒、哀、乐、爱、恶、欲、痛等各种感受欲望，都会从眼睛中流露出来。甚至人的智愚忠奸、贤不肖明浊，都能通过眼睛看出一点名堂来。

案例：

由眼睛识人

大哲人孟子习惯于从眼神上看人。他认为，光明正大的人，眼神一定端正；喜欢向上看的人，一定傲慢；喜欢向下看的人，会动心思；喜欢斜视的人，可能是心理上有病。

司马光也认为，观察人最好的方法。就是看他的眼睛，因为眼睛藏不住内心的奸恶。眼睛明亮坦率，则表明此人光明正大；眼睛昏暗、眼神闪烁，则表明此人心术不正。听别人讲话的同时，观察他的眼神，对方的善恶一目了然了。

古人认为，眼神贵藏。“藏者，如美玉灵珠，其光蕴蓄，静中焰光坐久乃见，此为上相，大业之器也。”曾国藩就有这种眼相。据记载，“曾公貌之过人处，眼作三角形，常如欲睡，而绝有光。”这里“常如欲睡”，是指曾国藩的眼神平时藏而不露，似乎昏昏欲睡，仔细观察才发现曾国藩眼有“真光”，半隐半藏如琉璃之放亮，“初看若不足，久看更有余。”所谓“绝有光”，就是指这种目光。

曾国藩观相识人，首先抓住人物的眼睛这个关键点，如：“目有精光，三道分明”“眼黄有神光”“目有精光数道”“眼有清光”“眼无神光”“目不妄动，为可靠”“目精光而动，……不甚可靠”。他的相术实践不仅清末诸家笔记屡有记载，而且也频见于曾氏《日记》之中。

陈青云：先充为字号勇，在金鹅山打仗。……眼圆而动，不甚可靠。

陈品南：老三营湘旗旗长。挺拔，有静气。

喻科癸：平江亲兵百长。年二十四岁。满面堆笑，可爱。矮而精明。

黎以成：宁乡人。四年，鲁家坝入营，神昏。

莫有升：长沙人，年二十九岁。南勇，刘培元营内哨官。眼圆人滑。

显然，曾国藩对上述五人进行了相术观察之后，记人《日记》之中的笔法亦有褒有贬，其中“挺拔，有静气”“矮而精明”者或可提拔重用，而“眼圆人滑”“眼圆而动，不甚可靠”“神昏”者皆不宜委以重任。

原文：

文人论神，有清浊之辨。清浊易辨，邪正难辨。（曾国藩《冰鉴》）

译文：

文人在论述人的“神”时，一般都把“神”分为清纯与昏浊两种类型。清纯与昏浊是比较容易区别的，但精神的奸邪与忠直则不容易分辨。

解读：

目中的“神”，有清与浊之分。这一点，在实际生活中比较容易区分。比如，青少年与在社会上混了几年的人一比，他们的差别就出现了，青少年的眼神是明亮清纯、没有杂念的，而后者则变得老练世故，缺少那种清纯味。

不过，曾国藩指出，“清”又分为邪与正两种。人聪明智慧，但不意味着品性高尚，这就要从“神”之邪正中来区别。“眼神”正的人，品质一般较为正直；“眼神”邪的人，品质大都较为奸邪。

作为一个生理器官，眼睛可以看出一个人的精神状态：一个健康、精力充沛的人他的眼睛通常是明亮有力，眼睛转动灵活机警，眼光清晰；一个疲劳的人眼睛就会显得乏力无味，目光呆滞，眼光混浊；一个乐观的人眼睛通常充满笑容，善意十足；一个消极的人往往眼睛下拉，不敢正视别人的眼光。

眼睛之所以能传神，实际上是通过瞳孔的扩大和缩小，眼球的转动、眼皮的张合程度以及目光凝视来体现的。

常见的瞳孔语言为，在表示反感和仇恨时，瞳孔缩小，还露出刺人的目光；相反，睁大眼睛则表示具有同情心和怀有极大的兴趣，还表明赞同和好感。恐慌或兴奋激动时，会使瞳孔扩大到平常的 4 倍。

眼球的转动也可以显示正在进行的思维活动。如两人交谈眼球比较稳定很少转动，说明他态度诚恳；如果目光游移闪烁、说明他暗藏心机，另有打算。

眼皮的张合程度一般能反映出人的精神状态。沮丧懊恼会使人耷拉眼皮，与人交谈半闭双眼是轻狂傲慢目中无人的表现。

眼睛所能运用最重要的技巧就是凝视。陌生人之间应尽量避免互相盯视。对敌人怒目凝视体现的是威严；朋友之间的凝视听表达的内容就更丰富了。

与人交往时，言语动作态度都可以“伪造”，而眼睛是无法假装的。我们看眼睛，不重大小圆长，而重在眼神。

熟知了神有余与神不足的区别，就容易判断一个人的生命力、行动力、意志力和思考力。察神不是一个静态的过程，除了观察眼光清莹昏浊外，还要结合举止、言语，才不会有偏差。

案例：

清浊邪正之辨

一次，曹操派刺客去见刘备，刺客佯装与刘备讨论削弱魏国的策略，分析极佳。

不久之后，诸葛亮进来，刺客很心虚，便托词上厕所。

刘备对诸葛亮说：“刚才得到一位奇士，可以帮助我们攻打曹操的势力。”

诸葛亮却道：“此人见我一到，神情畏惧，视线低而时时露忤逆之意，奸邪之形完全显漏出来，他一定是个刺客。”

刘备连忙派人去追，刺客已跳墙逃走了。诸葛亮能够看透此人，主要是从他闪烁不定的眼神中发现破绽的。在生活中，常有那些仪表不俗、城府深沉之辈，想一眼识破他的行径，就比较困难了。

西汉时的王莽，善于伪装，表面上朴素谦恭，轻财好施，名声极佳。大司空彭宣看到王莽之后，告诉儿子，王莽神清而朗，气势很足，但是眼神中带有邪狭之色，专权后可能要坏事。于是坚决辞职回乡。从眼神上来分析，“神清而朗”，指人聪明俊逸；眼神有邪狭之色，说明其为人不正。为了称帝，王莽逼儿子自刎，毒杀汉平帝，无所不用其极。但不久，新朝被推翻，王莽身首异处，连舌头也被众人“分而食之”。

原文：

欲辨邪正，先观动静。静若含珠，动若木发；静若无人，动若赴的，此为澄清到底。静若萤光，动若流水，尖巧而喜淫；静若半睡，动若鹿骇，别才而深思。一为败器，一为隐流，均之托迹于清，不可不辨。（曾国藩《冰鉴》）

译文：

要考察一个人是奸邪还是忠直，应先看他处于动静两种状态下的表现。

处于静态之时，应如蚌含珠般的沉静；处于动态之时，就如春木抽出的新芽。处于静态之时，目光清明沉稳，旁若无人；处于动态之时，宛如射出的箭直奔目标。以上两种神情，澄明清澈，属于纯正的神情。

处于静态的时候，如萤火虫之光，微弱而闪烁不定；处于动态的时候，有如流动之水，虽然澄清却游移不定。这两种神情，是善于虚伪装饰而奸心内萌的神情。

处于静态的时候，似醒非醒；处于动态的时候，像惊鹿一样惶惶不安。以上两种神情，反映此人有才智，但不循正道。

具有前两种神情者多不成器，具有后两种神情者则是含而不发之人，都属于奸邪神情。可是它们却混杂在清纯的神情之中，这是观神时必须仔细加以辨别的。

解读：

有动必有静，静后必是动，它们是相互连贯的永恒状态。考察一个人，应看他处于动静两种状态下的表现。

动与静的结合，是中国古代哲学方法论的一个显著特点，具有一定的辩证思想和科学性。静态判断，必然会有失偏颇。动静结合，则能提高评判的正确性。

“动”与“静”是事物运动变化的状态。事物的真相和本质，最易于在运动中流露、呈现出来，特别是在一些重要关头，最能见人真心。“动”，这里是指眼睛正在看人观物之时的状态；“静”，指目光暂时静止，没有看人观物时的状态。

成熟的人会善于控制自己的情感，即使不喜欢对方的人和事，也不会轻易地露出轻视、鄙夷的眼神。而且你的眼神如果展示出一种落落大方、亲和友善的风度，容易受到众人的尊重和欢迎。

案例：

动静结合鉴人

战国四公子之一的平原君赵胜很会看相。他在渑池之会上观察秦将白起的瞳仁和眼神，判断他的性格刚强但暴躁，可也持久，难与争锋，从而制定正确的战斗策略。

曾国藩善于识人、用贤的一些根据性判断，往往是静态判断，如“六府高强，一生富足”；一些具体性判断，往往是动态判断，如“气浊神枯，必是贫穷之汉”；而如“目国无神，纵鼻梁高而命亦促”，则是二者的结合。人的行为举止、情态姿容，亦有动与静之别。

曾国藩擅长通过人的眼神等身体语言来判断的对方的品质、性格、情绪、经历，并对其前途作出准确的预言。淮军刚刚建立之时，李鸿章带了三个人去拜见曾国藩，恰好曾国藩饭后散步。待他回来，李鸿章请求传见那三个人。曾氏说不必，李惊问其故。曾国藩解释，第一个人低头不敢仰视，必是一个严谨细小、老成厚之这人，可任一般官职；第二个当面恭敬，正视不乱，背地里左顾右盼，必是阳奉阴违之人，不可任用；另一个始终挺拔而立，气宇轩昂，目光凛然，不卑不亢，是一位大将之才。曾国藩所指的那位“大将之才”，便是日后立下赫赫战功并官至台湾巡抚的淮军勇将刘铭传。

眼神之中，有些是游动的眼神，有些是浮疑的眼神，有些是分散的眼神。这些眼神都不好。那么，什么样的眼光才是好的呢？曾国藩认为眼光是要露出金光。在生活中，我们可以看到有的人眼光很晶亮，有的人眼光就比较分散。如果这个达不到，还有一种眼光比较好，就是正色，就是眼光的视线是正色的。虽然你不一定很光亮，很有神采，但是你是正色的，也是好的。

曾国藩在接见下属的时候，他会很注意观察这人的眼睛。凡是神色安定的，他都会有好的评语。对于那些眼光游疑、青白的，他都认为这个人不能委以大任。这是“邪正看鼻眼”。

原文：

端庄厚重是贵相，谦卑含容是贵相。（曾国藩《冰鉴》）

译文：

端庄厚重、为人谦卑、待人宽容，皆是贵相，这样的人更易成功。

解读：

贵相，也就是好的面相的人看起来绝对不是凶神恶煞、霸气侧露，或老气横秋的。他应该是端庄厚重，谦卑含容。现在，我们很讲究一个人的气场，其实真正好的气场并不是凶性毕露，看起来很吓人的样子。

所以，很多富贵的人，或者是也有一定作为的人，看起来都是文质彬彬、儒雅的样子。将兵百万的韩信，年轻时候或许也长相猥琐，所以被人欺负，受人胯下之辱；曹操其实也对自己的长相气场不满意，所以才有了捉刀的笑谈。

老子曰："满招损，谦受益。"有了功劳、成就，不居功自傲，仍然很谦虚，这就不容易做到了。一时做到谦虚还容易，而自始自终谦虚，就难以做到了。历史上有很多人，像韩信、魏延、年羹尧之类，居功傲人，居功邀名，结果闹个身败名裂的下场。

曾国藩指出，谦谨是存之内心的，是自然而然流露的，流露在外表的，主要有四个方面。

一是面色。谦不谦，谨不谨，一看面色就知道，那些习惯于自以为是，颐指气使的，往往一副舍我其谁的神情，目光咄咄逼人，让人难以接受。

二是言语。言语是思想的外壳，骄横的人并没有在额头上写上骄横二字，但言语之间透出的横气、霸气，却让人感到难以接受，因之欲要谦谨，必得言语温婉。

三是书函。言语一变成文字，就是白纸黑字了，所以落笔亦慎，用词亦圆融，不要口气太大。

四是随员。为官不但自己要谦谨，还要让随员们学会谦谨，有的随员颇有气焰，狐假虎威，反而添乱帮倒忙，毁了主子的名声。所以选带随员要慎，管教随员要严。

案例：

谦卑含容是贵相

东汉的开国元勋冯异，为人谦退知止，道遇诸将，往往驱车让路。进止皆有表识。他每到一个驻扎处，安营完毕，将领们总是坐在一起，论功评赏。冯异则常常独自避坐大树之下，不与其事，军中号曰“大树将军”。攻破王郎后，刘秀整编部队，对将领也重新做了调整，使之各有统属。军士皆言愿属“大树将军”，刘秀因此对他更为欣赏重视。正因为冯异谦让知止，成为一代中兴名将，并且死后泽及子孙。

咸丰八年（1858）的一天，曾国藩在日记中记下这样四句话：

端庄厚重是贵相，谦卑含容是贵相。

事有归着是富相，心存济物是富相。

曾国藩从做人、做事的角度，提出了人的两大贵相和两大富相。这道出了人生的四大福相。

曾国藩统军十数年，与当时的皇亲、摄政王奕訢却无一私下联系。据说就缘于他曾见过这位亲王的一张相片。看了他的相片，曾国藩徐徐地说：“聪明信有之，亦小智耳，举目轻浮，聪明太露，多谋多改。”又说：“这是一个翩翩美少年，举目略嫌轻佻了些，看来难以负重任；身处周公之位，却无周公之望，这也是国家的不幸。”一张相片竟能看出国家的不幸，曾国藩别无神仙术，他只是觉得奕亲王“轻佻”，不厚重。

为什么说端庄厚重是贵相？其实是有因缘的。端庄厚重的人，表明他懂得敬畏，一个有敬畏感的人就不至于放肆无忌，思虑就会深远，处事不至于鲁莽，说话就会谨慎，交际不至于随便。自己有敬畏感的人，往往别人也会敬畏他。得罪的人越少，自然也就远离祸端。端庄厚重不是装出来的，是修身修炼出来的工夫。因此，曾国藩多次申斥儿子要力戒轻佻，多多修炼些举止。

言语

卷四

原文：

眉尚彩，彩者，杪处反光也。贵人有三层彩，有一二层者。所谓“文明气象”，宜疏爽不宜凝滞。一望有乘风翔舞之势，上也；如泼墨者，最下。倒竖者，上也；下垂者，最下。长有起伏，短有神气；浓忌浮光，淡忌枯索。如剑者掌兵权，如帚者赴法场。个中亦有征范，不可不辨。但如压眼不利，散乱多忧，细而带媚，粗而无文，是最下乘。

译文：

眉崇尚光彩，而所谓的光彩，就是眉毛梢部闪现出的亮光。富贵的人，他眉毛的根处、中处、梢处共有三层光彩，当然有的只有两层，有的只有一层，通常所说的“文明之象”指的就是眉毛要疏密有致、清秀润朗，不要厚重呆板，又浓又密。远远望去，像两只凤在乘风翱翔，如一对龙在乘风飞舞，这就是上佳的眉相。如果像一团散浸的墨汁，则是最下等的眉相。双眉倒竖，呈倒八字形，是好的眉相。又眉下垂，呈八字形，是下等的相，眉毛如果比较长，就得要有起伏，如果比较短，就应该昂然有神，眉毛如果浓，不应该有虚浮的光，眉毛如果淡，切忌形状像一条干枯的绳子。双尽如果像两把锋利的宝剑，必将成为统领三军的将帅，而双眉如果像两把破旧的扫帚，则会有杀身之祸。另外，这里面，还有各种其他的迹象和征兆，不可不认真地加以辨识。但是，如果眉毛过长并压迫着双眼，使目光显得呆滞不利，眉毛散乱无序，使目光显得忧劳无神，眉形过于纤细并带有媚态，眉形过于粗阔，使其没有文秀之气，这些都是属于最下等的眉相。

解读:

作为一代名臣，曾国藩擅长从眉相识人。其中，以“光”最为重要。一个人的眉毛若能有光彩，就如同珠宝熠熠生辉，如果暗然失色，好比珠宝年久无辉，而所谓“光”就是本章所强调的彩。

古人称：眉者媚也。医学研究也证实：眉毛、人体所有的毛发，都是体内雄激素作用的结果。通常情况下，年轻人的眉毛都比较光润明亮，而老年人的眉毛往往比较干枯而且缺乏光彩。这就是因为年轻人生命力旺盛，老年人生命力开始衰退的缘故。

《黄帝内经》说：“美眉者，足太阳之脉血气多，恶眉者，血气少也。”由此可见，眉毛长粗、浓密、润泽，反映了足太阳经血气旺盛；如眉毛稀短、细淡、脱落，则是足太阳经血气不足的象征。眉毛浓密，说明其肾气充沛，身强力壮；眉毛稀淡偏少，则说明其肾气虚亏，体弱多病。肾气足，则性欲自然就强。说的就是这个道理。

古人利用眉毛来看一个人的性情、运气，并非全是江湖术士的骗钱之举，而是有一定的科学根据的。从医学角度来看，一个人的眉相也代表着内分泌系统和肝肾系统。肝脏及内分泌（荷尔蒙的分泌），刚好是影响一个人的性情的最主要生理因素，因此，从眉相可看出一个人的性情好坏。

眉毛具有美容和表情作用，能丰富人的面部表情，从双眉的舒展、收拢、扬起、下垂可反映出人的喜、怒、哀、乐等复杂的内心活动。

生活中，有很多词语形容眉毛的，如扬眉剑出鞘、眉飞色舞、剑眉入鬓、眉头紧锁、喜上眉梢、眉目传情。在当我们形容某人漂亮时，常用“浓眉大眼”一词，而形容心术不正的人则用“贼眉鼠眼”。可见，“眉目传情”并非虚言。这就是说，眼眉可当作非常独特的一种表达手段，尤其是视线更表现着种种心态。

“眉目”的前后不同，是听命于环境、个人的境遇而转变的。今天的心理学家指出，眉毛的变化丰富多彩，可有 20 多种动态，分别表示不同心态。

案例：

须眉识人

京剧中的各色脸谱，都是就一个人的本来眉目加以夸张的。有一种油白脸，如《空城计》的马谡，《别姬》的项伯等，虽不是阴险的坏人，但和大白脸也有区别，但也是一种刚愎自用或动摇不定的人物。这种脸谱除了施彩以外，最主要的是眉毛、眼睛的勾法，粗细、浓淡要刻划出善恶、忠奸的性格来。如奸臣严嵩的儿子严世蕃勾半白粉脸，因为他的年龄和地位此严嵩差一些，眉毛上仍露出本来肉色。

《明史》说严嵩“长身戌削，疏眉目，大音声”，描写得很形象。他是一个粗眉毛、大嗓门、脚长体高、又比较消瘦的人。严嵩本是词章和书法皆佳之人，初入官场时也还正派。嘉靖皇帝曾坚持要称自己的生父兴献王为献皇帝，要“称宗入太庙”，命礼部集议。这时，严嵩正在礼部尚书任上。他察言观色了很久，一直持“骑墙”态度。为此，独断专行的嘉靖皇帝十分不满，亲书《明堂或问》，警示廷臣，言语犀利。

严嵩是聪明人，他立即低眉顺目，为“献皇帝”太庙配享安排隆重礼仪。祭祀礼毕，严嵩又写下了两篇大拍马屁的词赋，深得嘉靖赏识，从此平步青云，踏上了媚上邀宠、弄权谋私的不归路。

原文：

人之声音，犹天地之气，轻清上浮，重浊下坠。始于丹田，发于喉，转于舌，辨于齿，出于唇，实与五音相配。取其自成一家，不必一一合调，闻声相思，其人斯在，宁必一见决英雄哉！（曾国藩《冰鉴》）

译文：

人的声音，跟天地之间的气一样，也有清浊之分，清者轻而上扬，浊者重而下坠。声音起始于丹田，在喉头发出声响，至舌头那里发生转化，在牙齿那里发生清浊之变，最后经由嘴唇发出去，这一切都与宫、商、角、徵、羽五音密切配合。识人的时候，听人的声音，要去辨识其独具一格之处，不一定完全与五音相符合，但是只要听到声音就能想象这个人，不一定非要见到这个人才能看出他究竟是个英才还是庸才。

解读：

“心气之征，则声变是也。”声音，与人的地位、内心修养、情感等确有一定的联系。

曾国藩承前人之说，认为人秉天地五行之气，其声音也有清浊之分。一个人的声音清浊高低往往反映了人的内在本质，有经验的用人者能在言语之间判断出对方的性格、气质、诚实与虚伪等。

的确，言为心声，语气、措辞等都会真实地将说话者微妙的心态真切地传递给对方，闻声识人，往往屡试不爽。

一个医生可以通过听诊器听出人内脏的病变，一个瓜农可以听出一个西瓜的生熟好坏。曾国藩指出，一个经验丰富者也可以从对方的声音中知道他的命运。这在古代许多著作中都有介绍。东汉思想家王充在《论衡》中说："下工相形，中工相神，上工相声。"这句话的意思是说，普通相师是从人的外形上看人的命运，水平稍高一点的相师是从人的神态上看人的命运，水平较高的相师则是从人的声音中看出人的命运的。

古人认为，声音的产生依靠自然之气（空气），也与内在的"性"密不可分。声音又与说话者当下的心理活动密切相关，大小、轻重、缓急、长短、清浊都有变化，这与人的特性也是息息相关的，这就是闻声辨人的基础。

声音的音量有大小之分，音色有丑美之别，另有音高、音长之分。有的洪亮，有的沙哑，有的尖细，有的粗重，有的薄如金属之音，有的厚重如皮鼓之声，有的清脆如玉珠落盘、字正腔圆，有的人身材矮小，却"声若洪钟"，有的人生得高大魁梧，说起话来却细声细气、有气无力。

由于先天禀赋、后天环境的不同，声音不仅在一定的程度上表现着一个的健康状态，而且还在一定的程度上表现着一个人的品德、智愚、事业成败等。

在五行分配上，古人把声音分为：金声，特点是和润悦耳；木声，特点是高畅响亮；水声，特点是时缓时急；火声，特点是焦浊暴烈；土声，特点是厚实高重。一个心胸宽广、志向远大的人，声音有平和广远之志，而且声清气壮，有雄浑沉厚之势。身短声雄的人，自然不可小视。

曾国藩提出，声音中上佳者，应是始发于"丹田"中的，丹田在人身脐下三寸处。发于丹田的声音深雄厚重，韵致远响，是肾水充沛的表现。肾水充沛，身体自然健康，能胜福贵，因而主人福贵寿全。同时，这种丹口之气充沛，丹田之声宏亮悦耳，易引起共鸣效果，给人很舒服浑厚的感觉。

不好的声音，则是那种发于喉头，止于舌齿之间的根基浅薄的声音。这种声音气不足，给人虚弱衰颓之感觉，为肾水不足的表现。

曾氏又说，"不必一一合调，闻声相思"，说明识人仍不可刻板 et 事，得视具体情况而定。

成功的歌唱家，一般都有个金嗓子，如果天赋不高，单靠苦学苦练，是很难成功的。《冰鉴》中所讲的是由人的音质和音色来识判别人，如能结合人的语言共同断之，应更全面。

在言谈之中，音调的抑扬顿挫对人际交往的影响很大，有的时候会决定人的升迁沉浮。

案例：

声音鉴人

明朝成化时，兵部侍郎李震已经戴孝三年，很想升任兵部尚书一职，而这时恰好兵部尚书白圭被免职，机会难得。不料朝廷委任李震的亲家、刑部尚书项忠接任了兵部尚书一职。李震对此颇有怨言，他对项忠抱怨说："你在刑部已经这么久了，怎么又钻到此处呢？"不久，李震脑后生了一个疮，同僚们戏语说："脑后生疮因转项。"（意思是说项忠从刑部转到了兵部）李震回答说："心中谋事不知疼。"表示他仍然一心想着功名，并不死心。其实，李震得不到升迁是由于皇帝对他的印象不好。在皇帝看来，忠臣在奏朝章的时候，往往能朗朗而谈，而奸臣则声音低沉，面容险恶。李震的声音历来沙哑，让人有一种不可靠的感觉。李震素来有喉疾，在奏朝的时候声音低哑，引起了宪宗的反感，升迁自然与他无缘。与李震同殿为臣的鸿胪寺卿施纯，不仅声音洪亮，而且工于辞令，因此得到了宪宗的赏识。

和珅出生在一个并不十分富裕的武官家庭，但自小受到了良好的教育、接受了系统的儒学经典和满、汉、蒙古文字教育。他又继承了祖上传下来的三等轻车都尉的爵位职务，20岁时便在宫中当差。

一次巡狩时，乾隆帝审阅边境要犯逃脱的奏报，随口诵了一句《论语》中的"虎兕出于柙，龟玉毁于椟中，是谁之过欤？"（老虎和犀牛从笼中出来伤人，龟玉在匣子里被毁，是谁的过错呢？孔子借此来指斥管理者的过失。）乾隆帝身边的侍从面面相觑，不知何意。而饱读诗书的和珅在旁听得分明，当即应声回答道："典守者不得辞其责耳。"身边侍卫有如此学识乾隆帝感到非常惊奇，又见和珅长得眉清目秀，身材颀长，仪度俊雅，声音洪亮，不禁赞赏有加。

乾隆帝一路上便问和珅四书五经的内容。和珅居然"奏对颇能称旨"。又问起过去参加科举应试的情况。至此，和珅进一步引起了乾隆帝的好感，遂派其总管仪仗，升为侍卫官。从此官运亨通，扶摇直上。

原文：

声与音不同。声主“张”，寻发处见；音主“敛”，寻歇处见。辨声之法，必辨喜怒哀乐；喜如折竹，怒如阴雷起地，哀如击薄冰，乐如雪舞风前，大概以“轻清”；为上。声雄者，如钟则贵，如锣则贱；声雌者，如雉鸣则贵，如蛙鸣则贱。远听声雄，近听悠扬，起若乘风，止如拍琴，上上。“大言不张唇，细言不露齿”，上也，出而不返，荒郊牛鸣。急而不达，深夜鼠嚼；或字句相联，喋喋利口；或齿喉隔断，喈喈混谈：市井之夫，何足比较？（曾国藩《冰鉴》）

译文：

声和音有区别。声产生于发音器官的启动之时，可以在发音器官启动的时候听到它；音产生于发音器官的闭合之时，可以在发音器官闭合的时候感觉到它。辨识声相优劣高下的方法很多，但是一定要着重从人情的喜怒哀乐中去细加鉴别。

欣喜之声，宛如翠竹折断，其情致清脆而悦耳；愤怒之声，宛如平地一声雷，其情致豪壮而强烈；悲哀之声，宛如击破薄冰，其情致破碎而凄切；欢乐之声，宛如雪花于疾风刮来之前在空中飞舞，其情致宁静轻婉。它们都由于一个共同的特点——轻扬而清朗，被列入上佳之口。如果是刚健激越的阳刚之声，那么，像钟声一样洪亮沉雄，就高贵；像锣声一样轻薄浮泛，就卑贱；如来是温润文秀的阴柔之声，那么，像鸡鸣一样清朗悠扬，就高贵；像蛙鸣一样喧嚣空洞，就卑贱。远远听去，刚健激越，充满了阳刚之气。从近处听来，却温润悠扬，充满了阴柔之致，起的时候如乘风悄动，悦耳愉心，止的时候却如琴师拍琴，雍容自如，这乃是声中之最佳者。

俗话说，“高声畅言却不大张其口，低声细语牙齿却含而不露”，属声中之较佳者。发出之后，缺乏余韵，像荒郊中的孤牛之鸣；急急切切，断续无节，像夜里老鼠在偷吃东西；说话的时候，一句紧接一句，语无伦次，而且嘴快气促；或口齿不清，含含糊糊，这几种都属于市井之人的粗鄙之声，哪里值得一说呢？

解读：

曾国藩认为，人开口之时发出来的空气振动产生“声”，闭口之后，余下来仍在空气中振动而产生的是“音”，是“声”传递的结果，为“声”之余韵，正如平常人们所说的“余音绕梁”。

人的声音具有浓厚的感情色彩，能引起人复杂的心理效应。声音的强弱、快慢、高低、纯浊，都能显示出异常复杂的情感。三国时刘邵在《人物志》中说，外表的动作，是出于人的心气。心气的象征又合于声音的变化。气流之动成为声音，声音又合乎音律。有和平之音，有清畅之音，有回荡之音。

《灵山秘叶》说：“察其声气，而测其度；视其声华，而别其质；听其声势，而观其力；考其声情，而推其征。”这四句话大有学问，其观点是：通过听声辨音，可测心胸宽窄、贵贱和贫富。其中的声气，略同于声学中的音量，通过声气粗细，察看人的气度；声势相当于声学中的音长，声势壮者，声力必大；声华相当于声学中的音质音色，“声华”质美，则其人性善品高；“声情”相当于带感情的声音。

曾国藩指出“喜如折竹”“怒如阴雷起地”“哀如击薄冰”“乐如雪舞风前”，以上四种声情并茂，纯朴自然，清脆明朗，是至情至性之人的表现。

声音作为人内在气质和思想的外在表现，将不知不觉“泄露”自己的心理等要素。

人有喜怒哀乐七情，在语音中必然有所表现，即使人为极力掩饰和控制，但都会不由自主地有所流露。

由声音听出一个人的心性、品德、喜好等，是一个很复杂的判断过程。对于今人而言，好的声音能提高说服力。音粗而低，说话速度快，尾音明亮，这样就能给人留下一种“这人值得信任，积极、潇洒、有领导才能”的印象。另一方面，有磁性的声音加上优美的神态，更会产生强大的魅力。

案例：

闻其声而知其人

春秋时，郑国贤相子产一次外出巡察，在路上，见有妇女在丈夫新坟前面哀哭。子产停车，仔细辨听。过了一会儿，子产竟派官吏把那个妇女抓来审问，随从们迷惑不解。子产解释说，听那妇人的哭声，没有哀恸之情，反蓄恐惧之意，故疑其中有诈。经审问，是妇女与人通奸、谋害亲夫之故。可见，人的喜怒哀乐之情，必会在声音中有所体现，即使人为掩饰，也会有些特征。

羯族豪杰石勒，是十六国时期后赵的建立者。他出生时，曾有一老人观其相："鱼尾发际上有四道骨，当为人王之相。"他 14 岁时，随同乡到洛阳做小买卖，曾倚着上东门长啸，被西晋大臣王衍看到，王衍告诉左右，听这个胡人小孩的啸声，可知是心怀奇志的人，将来恐怕会成为天下的祸患。当即派人来抓他，但石勒早已离开。二十多年后，石勒果真带兵俘获了王衍等一大批王公大臣来到后皇宫，在斥责晋臣清谈误国、彼此推卸责任后，当晚石勒命兵士推倒土墙，将他们全部压死。从啸声中听出一个人的志向，可见王衍的识人眼光。

万宝常，隋代音乐家。隋文帝杨坚喜欢听"哀管新声，淫弦巧奏"，曾命郑泽等人重定乐律，制黄钟调。演奏后，文帝询问意见，万宝常认为此乐声之哀怨放纵，实非雅正音乐的道理。于是，文帝命其调整乐音。万宝常后来曾听太常寺演奏的乐曲，听完之后，便流泪不已。人们问他为什么哭，万宝常说，这乐声淫厉而悲哀，预示着天下不久将自相残杀，并且人也要差不多被杀光。当时全国形势一片大好，听者都不以为然。到了隋炀帝的末年，他的话终于应验了。

王熙凤是名著《红楼梦》中主要人物，第三回王熙凤第一次出场时，曹雪芹就通过对其语言的描写体现王熙凤的性格特点及在贾府的地位——一语未完，只听后院中有笑语声，说："我来迟了，没得迎接远客！"黛玉思忖道："这些人个个皆敛声屏气如此，这来者是谁，这样放诞无礼？"

作者首先运用先声夺人的手法，未见其人先闻其声，一句"我来迟了，没得迎接远客"，就足以看出她张狂、泼辣的性格及在贾府有举足轻重的特殊地位。

原文：

音者，声之余也，与声相去不远，此则从细曲中见耳。贫贱者有声无音，尖巧者有音无声，所谓“禽无声，兽无音”是也。凡人说话，是声散在前后左右者是也。开谈多含情，话终有余响，不唯雅人，兼称国士；口阔无溢出，舌尖无窕音，不唯实厚，兼获名高。（曾国藩《冰鉴》）

译文：

音，是声的余韵，与声相去并不远，它们之间的差异是从细微的地方听出来的。贫贱的人说话只有声而无音，显得粗野不文，圆滑尖巧的人说话则只有音而无声，显得虚饰做作，俗话“鸟鸣无声，兽叫无音”，说的就是这种情形。普通人说话，只不过是一种声响散布在空中而已，并无音可言。如果说话的时候，一开口就情动于中，而声中饱含着情，到话说完了尚自余音袅袅，不绝于耳，则不仅可以说是温文尔雅的人，而且可以称得上是社会名流。如果说话的时候，即使口阔嘴大，却声未发而气先出，即使口齿灵俐，却又不轻佻。这不仅表明其人自身内涵深厚，而且还会获得盛名。

解读：

曾国藩指出，音是声的余响，成功而健康者声音洪亮，前后均匀无破边，贫贱者有声无音，尖巧者有音无声。名流讲话完毕，余音绕梁，荡气回肠，听者心摇神驰，久久不能停住讲话者所牵引的思绪，这种深入人心的效果是情绪感染力的极致状态。

《逸周书·视听篇》讲到四点，也值得研究：内心不诚实的人，说话声音嘶哑，并且支支吾吾，这是心虚的表现；内心诚信的人，说话声音清脆而且节奏分明，这是坦然的表现；内心卑鄙乖张的人，心怀鬼胎，因此声音阴阳怪气，非常刺耳；内心宽宏柔和的人，说话声音温柔和缓，如细水常流，不紧不慢。

以上这都是明显的例证。声音，作为人内在气质和思想的外在表现，将不知不觉“泄露”自己的修养、心理、人格等要素。

心理学家做过一项研究，面试中，高音调的声音的应聘者被认为是软弱、不大真实，较神经质，而说话慢的应聘者被认为是冷漠、被动、不太可靠。一般来说，音调适中，不可过高或过低，声音浑厚，但不混浊，有节奏感，不单调，这样的声音才会给考官留下精明能干、心理素质好的印象。

以声音来判断人的心性才能，虽然有所偏颇，但其中的奥妙，是值得研究的。

案例：

声音为鉴识

春秋时，晋大夫叔向想娶申公巫臣的女儿为妻，可是叔向的母亲却希望他娶自己娘家的人。叔向说：“我的庶母虽然很多，但是庶兄弟却很少，我讨厌亲上加亲。”他母亲说：“子灵的妻子夏姬害死了三个丈夫、一个国君、一个儿子，导致一个国家和两位卿大夫灭亡，这还不够可怕吗？我听说：世上出现过分美丽的女人，必然有凶险万端的祸事伴随而来。古时的有仍氏生了个女儿，一头青丝又黑又美，光可鉴人，人称她为玄妻。后来乐正后夔娶她为妻，生了个儿子名叫伯封。这儿子的性情像猪一样，贪婪无厌，凶狠无度，所以人们给他取了一个‘封豕’的外号。后来有穷国的后羿把伯封杀了，从此夔氏断了香火。三代的灭亡，和晋太子申生的废立，祸端都是出在美女身上，你为什么还要娶美女呢？天生的美人足以迷惑人心，假使没有完美的品德，一定会带来灾祸。”叔向听了母亲的话，觉得害怕，就打消娶申公巫臣的女儿为妻的念头。可是晋平公却强逼叔向娶申公巫臣的女儿。婚后生了个儿子名叫伯石。当伯石出生时，叔向的母亲前去探视，才到堂前，听见婴儿的哭声就掉头而走，说：“这哭声简直像豺狼的声音！狼子野心，如果有了他，恐怕我们羊舌家会灭亡。”她因而不肯探视孙子。后来，羊舌食我（即伯石）果然因帮助祁盈，得罪了晋顷公，家族被灭。

楚国著名的令尹斗子文与其弟子良，都是朝廷重臣。子良之子越椒刚出生，子文见越椒的形貌近似熊虎，而声气近乎豺狼，是一副凶猛残暴的相貌，断定他将给家族带来灭顶之灾，主张把他杀掉，由于子良的阻挠而未能实行。后来越椒相继为司马、令尹，滥杀朝廷大臣，并率兵攻楚王，最后被楚王杀死，家族也遭祸。这里，“豺狼”被分别用来形容一个人的音容相貌，有这样特征的人往往被视为不祥。

在《世说新语》里，有大量以相貌、声音为鉴识的识人小事例。例如汉末名士乔玄曾评论年轻的曹操“实为乱世之英雄，治世之奸贼”，而潘阳仲见到年少的王敦曾说：“君蜂目已露，但豺声未振耳。必能食人，亦为人所食。”也预言了王敦有叛乱的野心，必然招致失败的下场。

《晋书》载，名士温峤素有知人之称。他的好友宣城太守桓彝的儿子生下来后，温峤说：“这孩子骨相奇特，容貌非常，再让他哭一声看看！”等听到哭声，温峤便说：“这真是一个英雄人物！”因为温峤欣赏，桓彝即为儿子取名桓温。后来，桓温果然以雄武之才专擅东晋朝政，甚至想窃取江山，他曾说：“如果不能流芳百世，也应当遗臭万年。”

原文：

听言不可不察，不察则善、不善不分；善、不善不分，乱莫大焉。（吕不韦《吕氏春秋》）

译文：

听别人的话要进行观察与分析，明辨是非。如果是非不分、善恶不辨就要出乱子。

解读：

古人云："言未出而意已生。"生活中，有人常常是欲言又止、吞吞吐吐，其实，此时他已经泄露了真实动机。

一个人的言辞能透露他的品格，通过他的言谈你能了解他的地位、性格、品质及至内心情绪。

人的言语情态与内心属表里的关系。虽然人可以控制、掩饰自己的言语，不被别人看出来，但总有蛛丝马迹可寻，内心所想必会显露的。

观察人是为用人，以旁观者身份对一个人进行客观公正观察时，其耳内不会被堵塞，眼睛不会被蒙蔽，就会得到有关这个人的真实情况。

案例：

言谈鉴人优劣

五代后梁开国皇帝朱温，在打天下的过程中善于用人、敢于用人。一天，他在一棵大柳树下休息。瞅着柳树，他故意说，这柳树可以做车头吧。其实朱温早知道柳树材质不结实，结果有几个臣子随声附和。朱温马上翻脸：柳树岂可做车头！我听人说秦二世时曾经出过‘指鹿为马’的事，看来真有其事啊！他把说“可做车头”的人抓起来，当即扑杀。朱温治谀，可谓痛下杀手。

苏轼的妻子王弗极会“幕后识人”，苏东坡和客人谈话之时，王弗立于幕后，往往听得数言，就能断定客人是否值得交往，是哪类人，而且准确率相当高。

曾国藩识人之道中有“缓急之状在于言”，意思是观言识人，可以判断其性格，所谓言为心声，性急之人，说话爽快；性柔之人，说话平缓。

曾国藩在湖南办团练时，每天都有百十人到营中报名，曾国藩一一召见，问询长短。一天，曾国藩倦极不见客。正在似睡非睡时，忽听外面有吵声，起身一望，但见一位身材不高的青年被守门人拦住。青年声音琅琅，气质非凡，但任凭怎样讲，守门人仍不放行。曾国藩推门而出，对青年说：“听君的声音爽朗圆润，必是内沉中气，才质非凡之人。”叙谈之后，曾国藩立即决定让他掌管书记，日常文牍往还，也一并交给了他。此人各叫罗萱，罗萱最终成为曾国藩的得力助手之一。

原文：

将叛者，其辞惭，中心疑者其辞枝，吉人之辞寡，躁人之辞多，诬善之人其辞游，失其守者其辞屈。（《易传》）

译文：

打算背叛的人说话带有愧疚感，心中有疑惑的人言辞枝蔓不清，稳定成熟的人大多都不太声张，急躁的人言辞都很多，污蔑好人的人言辞都是游移不定，浑水摸鱼，不能坚守自己观点的人言辞都缺乏机锋，没有力量。

解读：

通常说“察其言，观其行”，言为心声，处于不同心理状态时，人的言语不一样，由此察言观色，可以知人。

不懂得察言观色，就等于不知风向便去转动舵柄，不但事倍功半，弄不好还会在小风小浪中翻了船。

察言观色，就是不动声色地观察，察外而知内，从“心理语言”和“行为语言”未了解一个人，从而帮助你在时间较短、信息较少的情况下作出合理的决策。察言观色是一切人情往来中操纵自如的基本技术，也是领导者识人的关键。

察言观色是一切人情往来中操纵自如的基本技术。不会察言观色，等于不知风向便去转动舵柄。眼色、声音是“脸色”中最应关注的重点，它最能不折不扣地告诉我们真相。

案例：

察言观色巧知人

秦桧修建格天阁时，有个任职江南的官员，想巴结秦桧，就重金贿赂建筑工人，取得厅堂的尺寸，特别定做绒毯献给秦桧。由于绒毯的尺寸大小恰到好处，秦桧认为这名官员打探他府中隐私，非常生气，常借事斥责这名官员。

明朝人周忱任江南巡抚期间，正值大宦官王振当权。周忱怕王振借机刁难，因此当王振兴建宅第时，周忱事先要人暗中测量厅堂的大小宽窄，然后命人到松江按尺寸定做地毯送给王振做为贺礼。由于尺寸大小丝毫不差，王振非常高兴。以后，凡是周忱所呈报的公文，都在王振的赞同下顺利通过。江南的百姓因此蒙受福泽。

同样是呈献绒毯，结果却一怒一喜，这是什么原因呢？王振虽然骄横、暴虐，但心机并不深沉；秦桧则阴险狡诈，心机很重。王振喜欢招抚君子获致名声；秦桧却是怕遭谋刺，所以以小人心严防众人。

清代的和珅“少贫无籍，为文生员”，从一个小小的御前侍卫，平步青云，任军机大臣长达20年之久，可谓空前绝后。这很大程度上是因为和珅“善解高宗（乾隆）意”。他头脑机敏，善于察言观色捕捉乾隆的心理。乾隆做太上皇时，一次让和珅进见。和珅进去后，见乾隆南面坐，而嘉庆则西向坐一小机，乾隆闭着眼，口中喃喃自语。过了一会，乾隆突然睁开眼问，其人何姓名？和珅应声答道“高天德、苟文明（此二人为白莲教起义领袖）”，乾隆便点点头，再次闭眼默诵。嘉庆大为惊骇，过了几天，他偷偷地问和珅是如何猜到的，和珅解释说，上皇所诵的是西域密咒，诵此咒想让他死的，必定为白莲教的首领，所以就以此二人姓名回答。嘉庆自愧不如，内心对之更为厌恶。

和珅是个大贪官，为世人所不齿，但是就交际上来讲，他确实是一个大师级高手。

原文：

多言不可与远谋，多动不可与久处。（王通《文中子中说》）

译文：

对于说长道短的人，不可与其谋划大事；对于轻举妄动的人，不可与其长期相处。

解读：

古人云："祸莫大于多言"，"祸从口出"可见"多言"容易坏事。

中国文化不主张人说话说得太多。《周易》里讲："吉人之辞寡，躁人之辞多。"有吉德之人，自知为善不足，非不得已不讲话；急躁之人，急于自售，所以话说得多。祸从口出，该说的说，不该说的不能说，否则祸患就会降临。

孔夫子强调"敏于行而讷于言"。

多言浮夸是祸。祸就祸在多言浮夸者夸大其辞、无中生有、混淆是非上。空谈是祸，祸就祸在空谈者，脱离实际、不负责任、信口开河上。

军事上，两军对垒，空谈可误战机、吃败仗，甚至因一次失败牵动全局，一棋丢失满盘皆输，就像赵括纸上谈兵、马谡失守街亭，一失误成千古恨，害己又误国。经济上，逐鹿市场，空谈可误商机、失去主动；政治上，空谈贻误时机、加深矛盾……"许多人只会无端的空谈和饮酒，无力办事，也就影响到政治上，弄得玩'空城计'毫无实际了。"鲁迅先生评价魏晋时代社会风气的话至今让人警醒。

曾国藩一生在"戒多言"上下足了功夫，他不仅经常批评自己"每日言语之失，真是鬼蜮情状！”也经常反问自己“言多谐谑，又不出自心中之诚”，这种言语习惯、个性缺点，“何时能拔此根株？”

案例：

言过其实

马谡是马良的弟弟，马良兄弟五人都有才华名气，而马良在五人中又是最为出色的，因此有“马氏五常，白眉最良”的赞誉。刘备很信任马氏兄弟，马良就担任过刘备的秘书。马良的弟弟马谡也很有才略，此人长得一表人才，对兵法倒背如流，遇事侃侃而谈。但刘备精准地看出这个人夸夸其谈，不太实在。所以，刘备临终之时对诸葛亮说：“马谡言语浮夸，超过实际才能，不可委任大事，您要对他多加考察。”诸葛亮认为还不至于这样，让马谡担任参军，时常接见一起谈论军事谋略，从白天直到黑夜。

公元228年，魏蜀战争最关键的决战中，蜀军因痛失战略要地街亭而致主力“进无所据”全线败退。蜀军街亭守将军马谡，因不听主帅指挥，用兵无方，“舍水上山，不下据城”。敌将张郃乘机切断马谡部队的饮用水道，然后发起攻击，马谡大败，蜀军街亭痛失，只得全部回撤汉中。诸葛亮一边斩了马谡，一边痛心疾首地回顾道：“吾非为马谡而哭。吾想先帝在白帝城临危之时，曾嘱吾曰：‘马谡言过其实，不可大用。’今果应此言。乃深恨己之不明，追思先帝之言，因此痛哭耳！”

清代康熙皇帝为政讲求实效，反对空谈浮夸。他少年时因苦读而咯血，曾经染上吸烟陋习，当了皇帝后，他坚决戒烟，力劝众人也不要抽烟；他曾站在正阳门城楼上，指挥扑灭不远处一家店铺燃起的熊熊大火，也曾在新安郭里口，指挥救灭赵家庄一家百姓的大火，见损失惨重，当场救济；他反对修长城，认为无用，且开支惊人，强调“众志成城”；他厌恶政治马屁精，他一再反对上尊号，直到晚年仍如此。

曾国藩说过：“长傲多言为凶德。”“多言”是“傲”的一种表现，人一骄傲必然流于虚伪，难成大事；好议论他人、讥评他人同样易让人生厌。“若要看条理，全在言语中”。就是看这个人思维有无条理，主要看他说话。曾国藩对于说话这方面，他不喜欢说话多的人，不喜欢说话快的人。他也主张少说话、少言。他很欣赏湘军的李续宾，他曾经这么评价过李续宾，“在稠人广坐之下，终日不发一言”。

曾国藩对“心眼太多，好说大话”的浮滑之辈深恶痛绝。他认为：“好轻易谈论用兵之道的人，他的阅历肯定很浅；好攻击人家的短处的人，他的自我修养一定很差。”所以强调“崇尚朴实，杜绝浮华”，厌恶油嘴滑舌的夸夸其谈。他说：“湘军的优点，全在于没有官气而有血性，如果官气增加一分，那么，血性就必然要减掉一分。”“湘军向来不喜欢用花言巧语的将领”，他又说：“凡是不经过深入的思索，就信口开河的，我从来不跟他们说长短。”

原文：

当以精己识为先，访人言为后。（曾国藩《冰鉴》）

译文：

应当以提高自己的明识为先，访察别人的言论在后。

解读：

曾国藩善于识别人才，主要是建立在他的学问和阅历上的。比如说他讲的“端庄厚重是贵相”，“谦卑含容是贵相”，“事有归着是富相”，“心存济物是富相”，这些讲的都是一种修养、一种性格、一种处事态度。

在人才的使用上，曾国藩一直都是很谨慎的。据说曾国藩精通麻衣相法，而事实上，是他一生在考察人才方面摸索、积累了丰富经验。对于前来投靠的人，曾国藩一旦初步判断认为是可用的，就先发给少量薪资，把他们安顿在幕府之中，然后亲自接见，暗中观察。待到他感觉对被考察之人已经有了比较深的了解，且确有把握后，再根据这个人的才华的具体情况，保以官职，委以重任。对于那些他认为将来可堪大用之人，他对其考察得会更加细致，时间也会更加长。

案例：

曾国藩考察部属

“从小事入手，以小见大”，这是曾国藩考察部属的一大诀窍。有一次，刘铭传率军追击捻军，在途中与刚打了一个大胜仗的鲍超相遇。曾国藩知道了后便问刘铭传："鲍春霆穿黄马褂了吗？讲自己的战功了吗？"刘铭传回答，鲍超没有穿黄马褂，也没有夸耀他的战功。刘又说："我有幸与春霆见了一面，他唯恐自己待人礼貌不周，十分谦虚，哪里会夸耀自己的战功呢？"曾国藩由此考察出，鲍超还保持着朴实的本色和居功不傲的美德。

曾国藩高度重视人才的考察，提倡选人"必取遇事体察，身到、心到、手到、口到、眼到者"，而他筛选人才的标准，又是以德、识、才、学为序的。他认为"德为本质、才为功能"，德如水之养育众生，才如水之载物溉田。在他看来，一个人要想做成大事，首先必须有高尚的人格，能从自身做起，"与人共事，论功则推以让人，任劳则引为己责；盛德所感，始而部曲化之，继而同僚谅之，终则各省从而慕效之，所以转移风气者在此，所以宏济艰难者亦在此"。基于此，他在考察人才时，既注重才学，更注重德识。

在《用人三策折》中，曾国藩把具体考察人才的方法归纳为"询事""考言""奏折""诱迫"四法。他主张对人才宜"留心察看，分别贞邪"，相貌、言语、举止、行为……曾国藩无时、无地不注意观察人才，并将其优缺点一一记录下来，以备日后参考使用。此外，曾国藩还经常设置不同的情境来考验对方，以找出真正沉稳内敛、德行佳的人才。当年，年轻气盛的李鸿章就在曾国藩的考验下碰过好几次钉子。

情态

卷五

原文：

必聪能谋始，明能见机，胆能决之，然后可以为英，张良是也。气力过人，勇能行之，智足断事，乃可以为雄，韩信是也。（刘卲《人物志》）

译文：

一定要有策划能力，又能看清事情的关键所在，而且还有胆量决断事情，才可以称为英才，汉初的谋臣张良就是英才。力气过人，有实行的勇气，又有足够的智谋决断事情，才可以称为雄才，汉初名将韩信就是雄才。

解读：

英，就是智慧超群；雄，就是胆略过人。这是对“英雄”的基本定义。英雄是成功者的典型代表。

三国时刘劭认为，英雄是由“英才”的聪、明、智和“雄才”的力、勇、胆六种要素组成的，然而要有所成功，二者必须兼容。

智慧、英才本来是人人应有的，但英才若没有雄才的胆力，其主张就不能推行；胆略，是雄才本来就应有的，但雄才若没有英才的智慧，其事情就不能办成。历史上的张良这样的人才可算是“英”的代表，而韩信这样的人才则是“雄”的典型。英和雄的成分在各人身上往往不平衡，比例多的成分就决定了一个人是“英”还是“雄”。“故英可以为相，雄可以为将”，只有英、雄平衡的人才能为王。

楚霸王项羽虽然具备了英才与雄才，可是他身上英才成分相对比较少，他骄傲自大，刚愎自用，不能广泛采纳意见，非但不能重用谋士范增，而且陈平、韩信等英才亦纷纷转而投奔刘邦，因此，他虽然能在三年之内威服秦国诸侯，然而仅维持五年，终落得个乌江自刎的悲剧下场。

至于刘邦，他兼具英才与雄才，而英才成分相对比较多，因此不但韩信等雄才臣服，而且张良、萧何、陈平等英才全都归顺于他，所以，他最后才能吞秦破楚，统一天下。

案例：

英才雄才各具其神

《世说新语》中有一个“捉刀”的典故。匈奴曾派使者访魏，曹操本应亲自接见，但他却因自己个子矮小、其貌不扬，怕影响魏国的尊严，因此让崔琰冒充自己接见使者。自己则持刀于侧，扮成卫士，暗中观察。崔琰是个相貌很威严的人，据《魏志》记载，他“眉目疏朗，须长四尺，甚有威重”。接见之后，曹操派人去打探使者的反应，使者表示，“魏王（指假扮者崔琰）雅望非常，然床头捉刀者（指曹操本人），此人乃英雄也”。曹操听后，觉得此使者太聪明，就派人杀掉了他。可见，英雄总有英雄的神采、英雄的风度，这种本色和风度不是靠长相、身体所能替代的。

西晋的谢安，在淝水之战中，他指挥若定。当捷报传来，他下棋不辍，一副宠辱不惊的风度。孝武帝软弱无能，政不己出，全赖谢、王等大臣尽忠臣辅佐，维持政局平衡。

373年二月，权倾朝野的大司马桓温来朝见皇帝，时人传说桓温要杀王、谢，取司马氏而代之。王坦之十分害怕，问谢安怎么办。谢安神色不变，说晋室存亡决定于这一次的行事，便与王坦之去新亭见桓温。朝廷百官都排列在道路两旁拜见桓温，王坦之吓出一身冷汗，连朝见用的笏板也颠倒了。谢安却从容镇定，进屋后谈笑自若，桓温不敢造次，命令士兵退了出去。王坦之原来名望与谢安不相上下，至此，人们莫不称赞谢安胜于王坦之。

在曾国藩看来，英才以智慧谋划为主，雄才以胆识武功为主，鲍超便属于后者，但与文武皆备、雄才大略的英雄相比，只属于偏才，难为领袖，英才不少雄才的胆气，雄才又不少英才的智慧，这样的人即使不为人主，也可以创业一方，刘铭传就属于这种人。有英无雄，雄才不会敬服，有雄而无英，英才不会归附。因此一个人身上兼有英雄二才，才能指挥天下英雄，才能成就伟大的事业。

曾国藩认为，是真英雄必有真精神。伪装、做作，都可能被明眼人看穿。

原文：

躁静之决在于气，惨怿之情在于色，衰正之形在于仪，态度之动在于容，缓急之状在于言。（刘邵《人物志》）

译文：

浮躁还是安静的资质在于气息的平顺通畅，悲观还是乐观的资质在于表情气色，生命力强弱的资质在于日常的仪态，心量宽容的资质在于他面对事情时候的反应，脾气慢还是急躁的资质在于他说话时候的语音语调语速。

解读：

一个人内心镇定，表情就从容和缓；内心烦闷，表情就急躁。

刘邵《人物志》认为，“躁静之决在于气”。即通过一个人的“气”的观察，可以看出他是好动型的或是好静型的，因为，气之盛虚是一个人性格的表现。在论以“色”观人时，他认为，通过对一个人“色”的观察，可“看出他情感的表现，因色是情绪的表征，色悦者则其情欢，色沮者则其情悲”。急躁与冷静都取决于心气。气盛的人急躁，气平的人则宁静。神情不振，必有其因。

气度，决定了一个人的高度，一个有气度的人才会有所成就，否则他的未来势必会受到局限。

翩翩风度需要“大气度”。胸怀宽广，宠辱不惊，是风度形象艺术的主要内容。气度决定格局，格局决定命运。只有镇静、从容、大度的人，才可以做成大事。

案例：

裴行俭重视器量与才识

唐初名臣裴行俭通晓阴阳历术，每次出战，常能预知胜负，又深具擅长知人的眼力。当时，王勃、杨炯、卢照邻、骆宾王四人都以文艺著名，尤得李敬玄的器重，曾引荐四人与行俭相见。事后行俭私下告知李敬玄，一个读书人，前程能否远大，当先重视器量与才识，其次才论及文学艺术，王勃、卢照邻、骆宾王三人，虽有才华，但是性情浮躁，举止欠庄重，而且炫耀显露才能于外，到底器量不足，怎得安享禄位呢？只恐这三人不能得到善终，唯有杨炯较为浑厚沉静，可得安享县令长的官位，应当不会有意外祸患哩。敬玄却不信。

后来王勃渡海堕落水中，因受惊悸致死；卢照邻遭遇恶疾缠身，愤不欲生，自投颍水溺死。骆宾王为徐敬业府僚，后来敬业举兵讨伐武后兵败，骆宾王同遭伏诛。只有杨炯以盈川令善终。行俭所说一一应验。高宗将立武昭仪（武则天）为皇后，行俭以为国家忧患将从此开始，后来果然应验。行俭所引荐的偏将，后来也都成为名将。

原文：

知人之道有七焉：一曰，间之以是非观其志；二曰，穷之辞辨以观其变；三曰，咨之以计谋而观其识；四曰，告之以祸难而观其勇；五曰，醉之以酒而观其性；六曰，临之以利而观其廉；七曰，期之以事而观其信。（诸葛亮《将苑》）

译文：

观察了解人的办法有七条：一是要让他们参与到事物中来辨别是非看他的志向；二是用穷追到底的方法辩论看他的应变能力；三是借商议计谋看他的知识；四是突然告诉祸难临头的消息看他的勇气，五是当他酒醉之后看他的本性；六是正当其时给以私利看他的廉洁品质；七是委托他办事情看他的诚实与否。

解读：

诸葛亮一生纵横政坛和沙场，阅人无数。他的识人法则，更是精辟独特。

诸葛亮主要从语言和行为两方面了解人，他认为通过问答可以了解一个人的志向、操守以及如何应对变化，还可以了解人的见识、智谋和勇怯之情。通过用酒、财、约会来考察人，可以了解一个人的性情和这个人是否廉洁、是否守信用。诸葛亮的知人术和《庄子》提出的“九征”鉴人法有类似之处。

一个人的行为几乎都是由内心所驱使的，通过对他人日常行为的洞察，可以把握对方的个性、才能。

举止端庄凝重，说明一个人的“正气”和“定力”，这是选拔人才时必须考察的基本素质。那些站不稳、坐不正、不时抖腿、不时托腮、不时捋头发的人，还有那些周围一有风吹草动就心神不安、坐卧不宁的人，一定是心浮气躁、操守不坚之人。

案例：

管宁割席

蒋琬年少时好学，仪态轩昂。后来，他跟随刘备，被任命为广都县县令。

刘备、诸葛亮等人出巡至广都县时，发现蒋琬政务不理，且沉醉不醒。刘备勃然大怒，要将蒋琬加罪处死，诸葛亮劝刘备说：“蒋琬是社稷之器，而非百里之才，为政以安民为本，不以修饰为先。”遂使刘备对蒋琬刮目相看。

刘备与曹操争夺汉中时，刘备兵力不足，“急书发益州兵”，诸葛亮正在犹疑之际，其僚属杨洪进言“无汉中则无蜀”，劝诸葛亮马上发兵。诸葛亮见杨洪见识不凡，于是“表洪领蜀郡太守”，杨洪推荐门下书佐何祗有才略，诸葛亮便请刘备任命何祗为广汉太守。

诸葛亮在弥留之际，仍不忘推荐蒋琬和费祎“可任大事”，后来蒋琬和费祎先后担任掌管国家军政的大司马一职，使蜀国在相当长一段时期内保持了稳定。

《世说新语》中有一段“管宁割席”的典故。三国时，管宁、华歆与邴原本是好友，当时称誉三人为“一龙”，华歆为龙首，邴原为龙腹，管宁为龙尾。一次，管宁和华歆在园中种菜，看到地上有块金子，管宁把金子当作瓦片石头一样，不管它；华歆则停下来，捡起金子，然后把它扔得远远的。又有一次，他俩同坐一张席子读书，门外有乘坐华丽马车的贵人经过，管宁照旧读书，华歆却丢下书本跑去看热闹。管宁就割断席子，不再与之为友。

这就是著名的“管宁割席”的故事。管宁本人不贪财富、不慕荣华，通过这两件事，使他见微知著，知道华歆对财富与高官的向往，所以才跟他割席断交。

当时，曹操挟天子以令诸侯，管宁避居辽东三十多年，终身未做官，而华歆却先为孙权效劳，后又归附曹操，在一次汉献帝和伏皇后密谋杀曹事件败露后，华歆亲自带领五百甲兵从破壁中搜出伏皇后，献给曹操。后来还帮助曹丕篡夺了汉位，为世人所不齿。

原文：

试玉要烧三日满，辨材须待七年期。（白居易《放言五首》）

译文：

试验玉的真假，要烧满三日才知；辨别枕木和樟木，要等到长七年才能分清。

解读：

唐代白居易在贬官途中，感慨万千，以极通俗的语言说出了一个道理：对人、对事要得到全面的认识，都要经过时间的考验，而不能只根据一时一事的现象下结论，否则就会把周公当成篡权者，把王莽当成谦恭的君子了。诗人表示像他自己以及友人元稹这样受诬陷的人，是经得起时间考验的，因而应当多加保重，等待“试玉”“辨材”期满，自然会澄清事实，辨明真伪。

王莽没有篡位之前，表现出了十足的恭俭礼让，倘若就以为善，王莽简直就是周公在世了。伊尹放逐太甲，斥主逐君，倘若以此便认为恶，那么，伊尹就成了谋朝篡位的小人了。这个时候仔细考察本心所定止之处，王莽一心要想篡汉，伊尹一心匡扶社稷，君子小人善恶是非也就昭然若揭了。

常言道：“知人善任”，“知人”是“善任”的前提，考核人才是任用人才的基础。

为了识才，必须对人材时加考察。考察是知人善任的基础，考察准确，用人才能得当；考察失真，用人必然失误。

案例：

五到考察之法

当年，尧帝想找一个帝位继承者，四方诸侯一致推荐虞舜。尧帝为了考验他，就把两个女儿嫁给舜，从两个女儿那里来了解舜的德行。尧帝经过三年的实践考核，才正式确定用舜。明代少保（中央一品大员）胡世宁，执掌都察院事务。他考察官员喜欢私访，并亲自接触官员，他认为：只按评语评定政绩，往往会毁誉失真，况且评语所反映的情况也不一定真实。

曾国藩认为，要对下属的办事情况和言论情况同时进行考察。他尤其注重属下的建言，通过建言，上司可以收集思广益之效，也可以借此观察下属的才识程度。在一份奏折中，曾国藩提出了甄别人才。甄别就是考察，目的是“去其良莠”。不加考察或甄别，而对那些不投在上者之所好的人才，不加培养、不加使用，固然是对人才的浪费；不加考察或甄别，而单凭在上者的爱好或印象保举和拔擢，把那些口蜜腹剑、两面三刀的阴谋家和野心家当作人才来培养和使用，必会造成恶劣的政治后果。这种事例，在历史上是屡见不鲜的。

曾国藩本人很注意考察人才，对于僚属的贤否、事理的原委，无不博访周咨，默识于心。而且，他阅世愈深，观察愈微，从相貌、言语、举止到为事、待人等等方面，都在他的视线之内。他指出：择取人才的方式，首要的是有节操而没有官气，条理清晰而不说大话。办事的方法，首要的是能够做到“五到”，即身到、心到、眼到、手到、口到；所谓身到，即作为官吏对于人命案、盗窃案必须亲自进行勘验，并且亲自到乡村巡视；作为将官则必须亲自巡视营地，亲自察看敌情；心到，即凡事皆须仔细分析大条理、小条理、起始的条理、终结的条理，分析其头绪，再综合其类别。眼到，就是要专心细致地观察人，认真地阅读公文；手到，就是对人的长处短处以及事情的关键，勤作笔记，来防止遗忘；口到，就是在使用他人做事，既要有公文，又要苦口婆心地叮嘱。

对人才来一点“亲自”考察，对其品性有全面深刻的了解，就能较好地防止用人失误。

原文：

士君子之涉世，于人不可轻为喜怒，喜怒轻，则心腹肝胆皆为人所窥。（洪应明《菜根谭》）

译文：

君子士人处世，不可轻易流露喜怒之色，喜怒随意外露就会使自己的内心肝胆都被人所窥见。

解读：

遇到喜怒之事时，才可以看出一个人的涵养。喜怒最易使人丧失理智，以致行为失当，招致恶果。因此，喜时不可得意忘形，昏了头脑；怒时也要明白事理，考虑后果。

古人推崇喜怒不形于色的人，认为这是阅历、气度和胸襟的体现，是能够成大事的表现。

在电视剧《潜伏》中，余则成表面上憨憨的，说话小心翼翼，喜怒不形于色，永远一副低调收敛的小人物形象。在同事们纷纷觊觎副站长职位时，他更是有意降低姿态；“你们都是中校，我就是个小小的少校，怎么可能呢？”然后咧开嘴憨厚傻笑，让人不自觉地放松了警惕；反观马奎和陆桥山，都是风头太盛，太想证明自己，最终落得个可悲下场。

案例：

善控制情绪者有度量

《史记》记载：农民领袖陈胜称王以后，从前的穷哥们儿来投奔他，时常出入宫殿，还讲述他和陈胜的往事。有人对陈胜说：这个人愚昧无知，专说些不得体的话，使您的尊严受到损害。陈胜大怒，就把旧友杀了。此后，陈胜的老熟人都主动离去，没有人再亲近他了。陈胜不能广纳英豪，而且连老朋友都留不住，这是导致他失败的一个重要原因。

诸葛亮最后一次北伐，老奸巨猾的司马懿和他对垒100多天，闭门不战。诸葛亮送来女人的衣服、头巾、发饰，意即羞辱司马懿像个女人。司马懿看后，心中大怒，表面上却故作镇静，当即接受下来，并下令厚待送衣的使者。众将无不气愤，纷纷请战。司马懿安抚众将之后，忍受侮辱，坚持到底，显示出一个谋略家的卓越见地。结果，诸葛亮没辙，司马懿胜利了。

北宋名相富弼，极有气量。年轻时有人骂他，他充耳不闻。有人告诉他，富弼说恐怕是骂别人吧。那人又说，指名道姓地在骂你哩！富弼又答道，天下难道就没有同名同姓的吗？那个人听后十分惭愧。

名臣韩琦也是喜怒不形于色。任元帅时，他经常秉烛工作。一天夜里，韩琦写信，让一士兵在一旁端着蜡烛，士兵犯困，不小心蜡烛烧到了韩琦的胡子。韩琦随手用袖子将火扑灭，继续写信。不一会，韩琦抬头发现士兵已经被换掉了，他担心士兵的长官责骂那名士兵，就急忙为他开脱，这成为军营中的佳话。韩琦有一对心爱的玉杯，每逢设宴时，他都拿出玉杯供客人赏玩。一天，一位官吏失手打碎了玉杯，客人们很吃惊，那位官吏也急忙请罪。韩琦却一笑了之，客人们都佩服他这种宽厚的德行和度量。

原文：

容貌者，骨之余，常佐骨之不足。情态者，神之余，常佐神之不足。久注观人精神，乍见观人情态。大家举止，羞涩亦佳；小儿行藏，跳叫愈失。大旨亦辨清浊，细处兼论取舍。（曾国藩《冰鉴》）

译文：

一个人的容貌是其骨骼状态的余韵，常常能够弥补骨骼的缺陷。情态是精神的流韵，常常能够弥补精神的不足。久久注目，要着重看人的精神；乍一放眼，则要首先看人的情态。凡属大家，如高官显宦、硕儒高僧的举止动作，即使是羞涩之态，也不失为一种佳相；凡属小儿举动，如市井小民的哭哭笑笑、又跳又叫，愈是矫揉造作，反而愈是显得幼稚粗俗。看人的情态，对于大处当然也要分辨清浊，对细处则不但要分辨清浊，而且还要分辨主次方可做出取舍。

解读：

曾国藩认为，一个人的“神”与“情态”是里与表的关系。“神”蓄含于内，“情态”则显于外，“神”以静态为主，“情态”以动为主，“神”是“情态”之源，“情态”是“神”之流。

“情态”是“神”的流露和外现，如果其“神”或嫌不足，而情态优雅洒脱，情态就可以补救其“神”之缺陷，所以说“常佐神之不足”。

情态与容貌之间，也是既有联系又有区别。容貌为形体的静态之相，是表现仪表风姿的。情态为形体的动态之相，是表现风度气质的，二者质不同，

“形”亦有别。然而二者却可以相辅相成，相得益彰。常见容貌清秀美丽，而情态俗不可耐者；也有容貌丑陋不堪，而情态端谨风雅者，二者均令人遗憾。

从一个人的眼神、话语、举止里，可以看出他的内在气概。非凡的精神、气概绝不可能靠伪装得来。

清代金兰生编述的《格言联璧》中说，观富贵人，当观其气概，如温厚和平者，则其荣必久而其后必昌；观贫贱人，当观其度量，如宽宏坦荡者，则其福必臻而其家必裕。这句警语在今天仍有借鉴意义。

案例：

情态显露风度

三国时，吴国武陵郡从事樊伷诱使夷人作乱，州中的督导请求派一万人前去讨伐。孙权问潘浚，潘浚表示五千人就够了。孙权不解，潘浚认为樊伷虽然善于卖弄口才，却没有实才。他从前曾经请州人吃饭，一直到正午时分都还没上菜，当时就有十余人自行离去，就像看侏儒只要是看他的一段身躯就可以知道他整个人一样，因此轻视他。孙权听后大笑，就派潘浚前去，果然以五千人杀了樊伷。俗话说一叶知秋，滴水知寒，潘浚从一件小事上竟然看出樊伷的虚实，可见目光的犀利。

宋代韩琦以品性端庄著称，但情急之下，他所表现出的果敢却无人能比。当宋英宗刚死时，朝臣急忙召太子进宫，太子还没到，英宗的手动了一下。宰相曾公亮吓了一跳，想阻止太子进宫。但韩琦表示，先帝要是再活过来，就是太上皇。他越发催促人们急召太子，从而避免了权力之争。

任守忠是个奸邪之人，他秘密探听东西宫的情况，在皇帝和太后间进行挑拨。韩琦当机立断，用未经中书省直接下达的文书把任守忠传来，斥责一番，然后拿着空头敕书填写上贬官至蕲州，便派使臣把任守忠押走了。这样，韩琦轻易除去了奸人，而仍不失其忠厚。

据记载，曾国藩每次见人，都要静观默察，暗自评判对方的优劣，并记录下来，几乎从无差错。他在祈门时，著名侠客许荫武艺极好，能飞檐走壁，一百多兵卒将他围住，他能从容自如地杀进杀出。但曾国藩没有收留他，并向谋士解释，这种剑侠大多是无赖流氓，邪多正少，不遵法度，留之则坏军纪。

曾国藩办团练之初，还有一个人起了重要作用，他就是江忠源。江忠源笃于友道，有客死京城的朋友，他一定想法送友人尸骨返乡，曾国藩称之为“真侠士”。他第一次见江忠源后，认为此人气度不凡，忠义血性，必以节烈死。果然，1854年，时任安徽巡抚的江忠源奉旨进驻庐州，阻击石达开率领的西征军。太平军以地雷攻破庐州城，江忠源身受重创，自坠古潭而死，年仅42岁，应验了曾国藩十年前所预言的“以节义死”。

曾国藩做事很注重气概、精神。一次，下属起草的一份奏折中说这段时期打仗“屡战屡败”，曾氏琢磨一番，改为“屡败屡战”。同样是四个字，只不过语序换了一下，看似不经意的改动却使通篇文章精神大变，表现出败而不馁的气概。

清末学子俞樾在进士复试时，考题是并不吉祥的“淡烟疏雨落花天”。众人都在“落花”的悲伤处入手，终无法脱颖而出。俞樾一反常态，写出“花落春仍在”之句，有了勃勃生机。当时大清王朝缺的就是这向上的气息。曾国藩和同僚们阅卷时，有人认为俞樾仓猝间能写出如此佳作，一定是抄写旧作。而且当时科场尤重书法，俞樾小楷写得一般，众人都不看好。曾国藩却力排众议，以为“此生他日成就，未可量也”！“花落春仍在”，大概与曾国藩那执着的人生态度有暗合之处。结果，俞樾得中殿试第一名。

原文：

凡精神，抖擞处易见，断续处难见。（曾国藩《冰鉴》）

译文：

观察识别人的精神状态，那种只是故作精神振作者，是比较容易识别的，而那种看起来似乎是在那里故作抖擞，又可能是真的精神振作，则就比较难于识别了。

解读：

观人识人，可由其情态举止，察探其隐伏在内的精神气质，判断其心灵深处的活动。

常言道："三分实力，七分士气。"这"士气"就是一种精神状态。"士气"旺盛，精神状态好，爆发力就强，就能平添许多力量；如果萎靡不振，情绪低落，那只会影响正常实力的发挥，甚至形成一种无形的阻力。在体育竞技场上，胜利只属于有良好精神状态的运动员。我们做任何事情也离不开良好的精神状态。

人的精神状态，又有两种表现，一是自然流露，一是勉为抖擞。换言之即是假振作和真流露。经验丰富的人，能比较容易地看出他人是情真意切，还是故意造作。尽管人的情感和精神状态有不同的表现，可能会给辨别"神"的真假带来干扰，但综合人的各种言语行止表现，完全可以察看"神"之真假的。

案例：

由精神状态识人

项羽初次见到一统中原的秦始皇时，大声叹曰："彼可取而代之。"可见项羽的真性情、真个性——质朴率直而又大胆或"莽撞"。刘邦见到秦始皇时，则说："大丈夫该当如此。"两人的话语神情不一样，但从中却能真实地表明他们的内心活动和个性，刘邦与项羽相比，就要含蓄婉转得多。

东晋大臣郗鉴曾派遣门人到丞相王导府中为女儿提亲，对王氏子弟来说，这是一个难得机会，他们一个个神气端肃、扭捏作态，唯独青年王羲之毫不在乎，依旧袒腹而卧在东窗床上。郗鉴反倒觉得这人洒脱自然、气度不凡，选中了这个"袒腹东床"的少年郎，从而为后人留下"东床快婿"的佳话。

苏轼与章惇都是北宋的政治家，二人早年交好，章惇曾给予苏轼不少的帮助，在苏轼身处逆境时也能援之以手。后来两人交恶，章惇对苏轼恨入骨髓，直欲置之于死地而后快。

为人旷达的苏轼待人接物显然粗疏得多，但是他也擅长识人。章敦早年和苏轼过从甚密。一次，二人同游南山，走到仙游潭，见潭下临万仞绝壁，壁上有一块很短的横木，章惇请东坡到壁上题字作记。东坡俯身望一望潭下，深不见底，连说不敢。章惇却从容走到潭边，吊下绳索攀着树，就爬下去了，用毛笔在壁上大书"苏轼章惇来此"。然后，他攀树缘索，回到潭边，面不改色。苏轼不由抚着他的背长叹："能自判命者，能杀人也！"章敦大笑。苏轼认为，人如果不珍惜自己的生命，他也不会珍惜别人的生命。就是这位章敦，后来当上宰相，大权在握，整治政敌毫不手软，他甚至提出掘开司马光的坟墓，暴骨鞭尸。他因与苏轼政见不合，把苏轼贬到偏远的惠州，苏轼在惠州以苦为乐，章敦就再贬他到更偏远的儋州（今属海南）。据说在宋朝，放逐海南岛是仅比满门抄斩罪减一等的事，由此可见章敦之狠。《宋史》以章敦入《奸臣传》，可见其为人所不齿。

原文:

有弱态，有狂态，有疏懒态，有周旋态。飞鸟依人，情致婉转，此弱态也。不衫不履，旁若无人，此狂态也。坐止自如，问答随意，此疏懒态也。饰其中机，不苟言笑，察言观色，趋吉避凶，则周旋态也。皆根其情，不由矫枉。弱而不媚，狂而不哗，疏懒而真诚，周旋而健举，皆能成器；反之，败类也。大概亦得二三矣。(曾国藩《冰鉴》)

译文:

常见的情态有以下四种：委婉柔弱的弱态，狂放不羁的狂态，怠慢懒散的疏懒态，交际圆滑周到的周旋态。如小鸟依依，情致婉转，娇柔亲切，这就是弱态；衣着不整，不修边幅，恃才傲物，目空一切，旁若无人，这就是狂态；想做什么就做什么，想怎么说就怎么说，不分场合，不论忌宜，这就是疏懒态；把心机深深地掩藏起来，处处察颜观色，事事趋吉避凶，与人接触圆滑周到，这就是周旋态。这些情态，都来自于内心的真情实性，不由人任意虚饰造作。委婉柔弱而不曲意谄媚，狂放不羁而不喧哗取闹，怠慢懒散却坦诚纯真，交际圆润却强干豪雄，日后都能成为有用之材；反之，都会沦为无用的废物。情态变化不定，难于准确把握，不过也能看出个二三成。

解读:

情态举止，包括行相、坐相、卧相、食相、谈吐和喜怒哀乐等。古人认为，情态举止体现一个人的性格教养，道德情操，同时也关乎一个人的祸福，因此，历代智者都在察人形相的同时兼及举止情态。

情态，各有所长，各有所短，作为用人者，应迎其长，避其短。

曾国藩在这里提到了四种常见的情态：

“弱态”之人，情性温柔和善，平易近人；往往这类人又爱多愁善感，缺乏阳刚果敢之气，有优柔寡断之嫌，如后主李煜等。

“狂态”之人，大多不满现实状况，爱愤世嫉俗。历史上如祢衡、郑板桥等人，就属这一类。

“疏懒态”之人，大多有才可恃，对世俗公认的行为准则和伦理规范不以为然、满不在乎，由此引发而为怠慢懒散、倨傲不恭。陶渊明、王维、杜牧等人，就属这一类。

“周旋态”之人，智慧极高而心机过人，待人则能应付自如。完璧归赵的蔺相如、“罗锅宰相”刘墉等人，就是这方面的典型代表。

这几种情态，各有长短，作为用人者，应迎其长、避其短。在察看之时，则应从细小处入手，方可明断其是非真假，正大者可成器材，褊狭者会成败类，应注意区分。

案例：

“骄狂”误人

三国时，曹操手下的杨修绝对聪明才智过人，偏偏他喜欢恃才放旷：他多次破解曹操心意，揭穿曹操梦中杀人的把戏，干预曹家的事务，扰乱曹操的视听，乃至擅行军令“鸡肋”。结果，触碰曹操的大忌，最后被杀了头。

曾国藩本人对“骄”字有切肤之痛，湘军的几大败仗，如靖港之败、九江湖口之败、祁门之围，都是他直接指挥的。这除了他本为文人、不懂打仗之外，骄气太盛而听不进别人的意见，也是其致败的重要原因。在祁门之围中，由于他只考虑到地理位置的优越，而未加考虑仗打起来时的出路，就定下以祁门作为指挥部的决定。当时，李鸿章曾极力劝谏把指挥部移到别处，而曾国藩就是听不进去。结果导致指挥部最终被围，他自己也差点儿被俘。

晚清名臣左宗棠个性刚直果断，嫉恶如仇。虽才华横溢，然而多次进京赶考却未及第，且始终特别敏感。有一次曾国藩在给左宗棠的信札中，出于谦让，用了“右仰”这样的客套话。左宗棠很是不快，他写了“右仰”，难道要我“左俯”不成！此话后来传到曾国藩耳朵里，嫌隙由此而生。在做曾国藩的幕僚时，左宗棠称呼他人从来都直呼其名，唯对曾国藩客气一点，叫他“涤生”（曾国藩的字）。当时曾国藩与太平军作战常常不顺，左宗棠便与朋友说曾才短，帐下又无人才，常常发函或者上门为曾国藩作指导。虽言之有理，但话语中盛气凌人，有时几近于辱骂，这令曾国藩非常恼火。

曾国荃攻陷天京后，大掠财物，朝廷不满。曾国藩为表功避祸，上奏称幼天王死于乱军中。其实幼天王逃出未死，这事偏偏让左宗棠知道了，兴灾乐祸地告到朝廷。曾国藩恨之入骨，二人从此交恶。其实，左宗棠不仅与曾国藩如此，凡与他意见不合的，均白眼以待。他善于抓人短处，知无不言，言无不骂，虽朋友恩人也不能幸免。这不能不说是他身上的一个瑕疵。

大学者龚自珍为人恃才傲物，狂放不羁。长子龚橙，也继承了他的个性，世称狂士。为此，龚自珍曾多次劝勉儿子要踏实做学问。可惜，龚半伦辜负了父亲的期望。后来他流落到上海，依然放荡不羁，挥霍狎妓，在走投无路之际投靠了英国公使威妥玛。1860 年，英法联军侵入中国，龚半伦随英舰北上来到北京。据说，是他亲自将联军引进圆明园，并抢先一步单骑直入，取珍宝重器以归。然后，就有了那场震惊中外的大火……龚半伦晚年生活极为潦倒，靠典当家私过活，最后因精神失常发狂而死。父子俩一个爱国，一个卖国，一个名垂青史，一个遗臭万年，实在令人喟叹不已。

原文：

坐止自如，问答随意，此疏懒态也。（曾国藩《冰鉴》）

译文：

想做什么就做什么，想怎么说就怎么说，这是怠慢懒散之态。

解读：

曾国藩不喜疏懒之人，《曾国藩家书》说："诸弟不好收拾洁净，此是败家气象。一代疏懒，二代淫佚，则必有昼睡夜坐、吸食鸦片之渐矣。"以小见大，防微杜渐，非深谋远虑者不能看出。

魏晋时，名士嵇康在《与山巨源绝交书》里嬉笑怒骂，说自己"性复疏懒，筋驽肉缓，面常一月十五日不洗，不大闷痒，不能沐也"，其疏懒张狂招致了不少忌恨。权臣钟会前来拜访，他忙着打铁，态度冷漠，结果钟会找了个借口，以政治迫害的手段杀掉了他。

案例：

疏懒难得大用

曾国藩创办湘军时讲究"勤"字，那些懒散、怠惰和疲疲沓沓的人，成为首先被淘汰的对象。他考察一位将官，也须看他是否勤劳。他说："练兵之道，必须官弁昼夜从事，乃可渐几于熟。如鸡孵卵，如炉炼丹，未可须臾稍离。"他自己更是以身作则，每天早起，亲自训练，办理各项事务。这种习惯他保持终生。

曾国藩办事勤奋，在他任直隶总督时表现得最为突出。1869年初，他进京陛见。当时直隶虽是京畿重地，但官员疲顽，讼案堆积如山，民怨沸腾。所以，曾国藩一上任，就拿整顿吏治开刀。吴桥知县王恩照、曲阳知县万方泰、武强知县王庶曾、迁官知县周培锦、冀州知州宋炳文等人性情疏懒，不理讼狱，曾国藩一律奏请革职，大刀阔斧地进行整饬。此后，吏治民风为之一振。

李鸿章出身富豪之家，有着不受拘束的文人习气，疏懒无“恒”是他一大缺点。他办团兵败后投到曾国藩门下，可曾氏却借口军务繁忙，竟然没有相见，甚至在别人面前对李鸿章出言相讥。其实，曾氏并不是不愿接纳李鸿章，而是看李心地高傲，想挫一挫他的锐气，磨圆他的棱角。曾氏认为，人才，特别是经办军国大事的人才都是千磨百砺锤炼出来的。

曾国藩很讲究修身养性，规定了“日课”，其中包括黎明议事、同吃早饭。李鸿章是江淮人，不习惯湘菜口味，且不愿早起。一天，他以头痛为由未来就餐，曾国藩不断派人催请，自己则正襟危坐，停箸等待，李鸿章只好起床，匆匆赶到大营。他一入座，曾国藩就下令开饭。饭后，曾国藩板起面孔告诫：此处所尚，唯一诚字而已。说完，拂袖而去。李鸿章何曾被当众训斥过？从此，他改掉了睡懒觉的毛病。

李鸿章素有文才，曾国藩就让他掌管文书事务，以后又让他帮着批阅下属公文，撰拟奏折、书牍。李鸿章将这些事务处理得井井有条、甚为得体。几个月之后，曾国藩又换了一副面孔，当众夸奖他。这一贬一褒，自然有曾国藩的意图。而作为学生的李鸿章，对这位比他大十二岁的老师也真是佩服得五体投地。

李鸿章曾对人说：过去，我跟过几位大帅，糊里糊涂的，不得要领；现在跟着曾帅，如同有了指南针。曾氏的苦心栽培，终于把李鸿章磨砺成了晚清的擎天一柱。

原文：

前者恒态，又有时态。方有对谈，神忽他往；众方称言，此独冷笑；深险难近，不足与论情。言不必当，极口称是，未交此人，故意底毁；卑庸可耻，不足与论事。漫无可否，临事迟回；不甚关情，亦为堕泪。妇人之仁，不足与谈心。三者不必定人终身。反此以求，可以交天下士。（曾国藩《冰鉴》）

译文：

前面所说的，是在人们生活中经常出现的情态——“恒态”。除此之外，还有几种不经常出现的情态——“时态”。

如正在跟人进行交谈时，他却忽然把目光和思路转向其他地方去了，足见这种人毫无诚意；在众人言笑正欢的时候，他却在一旁漠然冷笑，足见这种人冷峻寡情。这类人城府深沉、居心险恶，不能跟他们建立友情。

别人发表的意见未必完全妥当，他却在一旁连声附和，足见此人胸无定见；还没有跟这个人打交道，他却在背后对人家进行恶意诽谤和诬蔑，足见此人信口开河、不负责任。这类人庸俗下流、卑鄙可耻，不能跟他们合作共事。

无论遇到什么事情都不置可否，而一旦事到临头就迟疑不决、犹豫不前，足见此人优柔寡断；遇到一件根本不值得大动感情的事情，他却伤心落泪、大动感情，足见此人缺乏理智。这类人的仁慈纯属“妇人之仁”，不能跟他们推诚交心。

以上三种情态却不一定能够决定一个人终身的命运；如果能够反以上三

种人而求之，那么就几乎可以遍交天下之士了。

解读：

“时态”不常出现，却是一个人的本性流露。从细微处着眼，可识良莠真伪。

曾国藩认为，从几种不经常出现的情态——“时态”中也可看出一个人的个性、内心。“神忽他往”“此独冷笑”，均不合常理，这种人多半是城府很深、居心不良之人。“极口称是”“故意诋毁”，这两种人，由于品格卑下，又庸俗无耻，既不能与之共事，更不可与之交友。“漫无可否，临事迟回”“不甚关情，亦为堕泪”，曾国藩认为这两种情况乃妇人之仁。这种人办事情没有意志、没有头脑，能有成就吗？

人的气质、个性、能力并不是与生俱来、终生不变的，所以、曾国藩最后说“三者不必定人终身”，足见他的客观公正。

精明的企业和管理者都善于“剑走偏锋”，由时态识人。

案例：

由时态察人

北宋名臣韩琦曾利用“时态”识人。在永兴任职时，一天有一个幕官来参见他，他仔细看了看那人，皱起眉头，一直不和这个幕官说话。有人请教韩琦，韩琦说，他额头上隐隐有块肿包，想必是磕响头磕的。这样的人怎能倚靠呢？现在有些领导与韩琦大不一样，如果发现额头上磕出肿包，或磕出茧子的下级，会认为他可是个难得的好下级、百里挑一的人才。

曾国藩提出，“深险难近”者，不值得结交、任用。“方有对谈，神忽他往”，这种人既不尊重对方，又缺乏诚意，心中定有别情。“众方称言，此独冷笑”，可见这人自外于众人，而且为人冷漠寡情、居心叵测。

以上两种情况均与正常情态相悖，不合常理。如果不是当时心中有什么其他郁闷之事，导致他失常的表情，那么，这种人多半是属于胸怀城府、居心险恶之人。这种人与他人建立良好友谊不容易，别人对他也敬而远之。

曾国藩来自农村，他生性纯朴，厌恶官场运用心机、偷机钻营的习气，在京师的十多年中，一直勤奋读书，终于培育出一股“以澄清天下为己任”的浩然大气，并改名为“国藩”，就是国家的藩篱的意思。

基于对“德”的重视，曾国藩特别强调要“于纯朴中选拔人才”，认为“于纯朴中选拔人才，才可以蒸蒸日上”。曾国藩所谓“纯朴”主要是指朴实、无官气、不虚夸，不是以大言惊人、巧语媚上，而是具有踏实、苦干的作风。他把人才分为两大类：一类“官气多”，一类“乡气多”：“官气多的人好讲资格，好装样子，办起事来四平八稳，说起话来面面俱到，实际上却是一点生气都没有。乡气多的人好逞才能，好出新样，办起事来不顾忌别人的看法，说起话来不讲求避讳。因此往往是一件事还没有办成，先招来一片议论。”无疑地，两者都有缺点，但曾国藩更痛恨的是有官气，不实干的官僚，而宁愿有乡气的人，提倡选“有操守而无官气、多条理而少大言”的“明白而朴实”的人。

他认为，大概说来，考察人才的优劣，应当以看他是否具备朴实、廉正、耿介的品质为主。有这样的品质，又有其他的特长，才是最可贵的；如果没有这样的品质，即使有其他的特长，也是靠不住的。甘甜容易调味，洁白容易着色，古人所说的无本无立，大概就是这个意思吧。

他指出，军队中选用将才，要特别注重那种朴实勇敢的人，同时要看他们的气概。怕的是有些人不全是发自内心的忠义之气，这些人轻浮、骄气，并不是真正的气概。他十分重视子弟的教育，尤其在戒骄气方面，他曾在给诸弟、子侄辈的许多家书中反复提及。

原文：

观人当就行事上勘察，不在虚声与言论。（曾国藩《曾文正公全集》）

译文：

观察一个人应当从他的行为上去观察，不在于虚假的名声和言论。

解读：

曾国藩此句脱胎于孔子的“听其言而观其行”。《论语》记载，宰予，孔子著名弟子，小孔子二十九岁，他能言善辩，被孔子许为其“言语”科的高才生。不料，宰予竟喜欢在大白天睡觉。孔子说：“腐烂的木头不堪雕刻。粪土的墙面不堪涂抹！对于宰予这样的人，还有什么好责备的呢？”又说：“起初我对于人，听了他说的话就相信他的行为；现在我对于人，听了他说的话却还要观察他的行为。这是由于宰予的事而改变。”

对“心眼太多，好说大话”的浮滑之辈，曾国藩是深恶痛绝的：“好轻易谈论用兵之道的人，他的阅历肯定很浅；好攻击人家短处的人，他的自我修养一定很差。”所以他一直强调“崇尚朴实，杜绝浮华”，厌恶油嘴滑舌的夸夸其谈。他认为“湘军的优点，全在于没有官气而有血性，如果官气增加一分，那么血性就必然要减掉一分”。“湘军向来不喜欢用花言巧语的将领”，“凡是不经过深入的思索，就信口开河的，我从来不跟他们说长短”。

曾国藩还说：“军营宜多用朴实少心窍之人，则风气易于纯正。”朴实之人自然做朴实之事，狡猾之辈自然做狡猾之事。人物中老实的在多数，任尔使用。若狡猾之辈，如何能用的上靠得住。如此，人物之人选不在言语，而在于朴实。曾国藩历来不喜欢善于言辞的将领。

案例：

从做事上考察

朱元璋即位之初，江苏嘉定地区有个富豪名叫万二，为人机灵，对于新朝的政治动向，丝毫不敢大意。曾经有朋友从京师回来，万二问他的见闻，朋友念了京城流行的皇帝写的诗：百僚未起朕先起，百僚已睡朕未睡。不如江南富足翁，日高五丈犹拔被。万二听后暗自叹息，认为坏征兆已见端倪，就将家产托付仆人管理，携家人泛游于湖湘一带。不到两年，众多江南大族果然陆续遭到毒手，没收的没收，抄家的抄家。很少人能像万二那样得到善终。这首诗，流露的是皇帝内心的羡慕，还是嫉妒、自嘲、不平？万二深信一个满脑子心机的皇帝，怎么可能坐视在江山还未稳固时，居然存在着一群腰缠万贯、比他还逍遥的人呢？

曾国藩考察人才很细致，特别注重言行举止。在安庆时，有个从农村来的戚某，曾国藩观之行李简单，衣服也很破烂，对人沉默寡言。因此喜欢上他，打算给他安排个差事。一次，曾国藩同幕僚一起用餐，看见戚某挑出饭里的稗粒之后再吃，便改变了主意。他随后打发戚某一些钱，让他回农村去了。戚某问其缘故，曾国藩诚恳地对他说："你吃饭要去掉稗粒，平时既不是非常富有，又不是在外做客，从农村来到军营不到一个月，就有这样的举动，这是我们乡下人的本色吗？我恐怕你以后做事见异思迁，那样反倒害了你自己。"最后在众幕僚的求情下，曾国藩留下他，从幕府的参谋调去负责管理菜园。戚某从此放下身段，每天与菜园的仆役一起耕作，甚至于比别人更努力劳动。

曾国藩长期观察他的改变。一年后，把戚某召到身边，重新起用他。其后，戚某从一个乡下人，一路做官至观察使。他这种从一个人的细微之事中仔细考察人才的精神，今天仍是可取的。

原文：

达其情性，形其哀乐。（孙过庭《书谱》）

译文：

书法可以表达书者的性情，即性格与感情，还能显露书者的心情，或悲伤或喜悦。

解读：

字如其人，源于西汉文学家扬雄的一句名言：“书、心画也。”意思是说书法是人的心理描绘，是以线条来表达和抒发作者情感心绪变化的。

中国自古以来就有“字如其人”的说法，通过书写行为可以投射出人的性格、心理、情绪、能力等方面信息，如今，笔迹分析越来越多地应用于人才选拔、心理卫生、教育司法等领域。

古代大书法家如蔡京、秦桧、严嵩，都是心机很深的权臣，他们做官揽权，不善用计怎么行？这就跟写字谋篇布局一样，心中立定主意，然后下笔如有神。所谓“神”，是心神，心之主也。

唐代韩愈就曾说：喜怒窘穷、忧愁、愉逸怨恨、思慕、酣醉、无聊、不平、有动于心，必于划书焉发之。

写字是一种行为表现，是一种无意识的心理投射。手写实际是大脑在写，从笔尖流出的实际是人的潜意识。人的手臂复杂多样的书写动作，是人的心理品质的外部行为表现。

书法的停顿和转折体现一个人对事情的处置节奏，书法的布局体现一个人的气度和视角，书法的藏头和藏锋体现一个人的涵养和修行，抒写的内容则体现一个人的文化层次，书法的枯湿浓淡，则体现一个人对技巧的驾驭能力，书法中合理的间架结构则体现一个人对事业的谙熟和自信。

笔迹中的问题也能看出性格上的问题。比如说字体右倾说明思维与行为表现我行我素；字与字间距过大则说明不太合群，适应环境能力差；撇捺展放不开的人则偏内向，心思重，放不开……

只要认真观察，从好的书法作品和文章中，都可以清楚地看出作者的思想、志趣。

案例：

字里窥人

宋代文豪黄庭坚盛赞隐士林逋的字如何写出高洁的志向。他说："林处士书清气照人，其端劲有骨，亦似斯人涉世也耶。"林逋的字清气照人，笔劲有骨，同他的处世为人是很相似的。

晚清名臣林则徐从小酷爱书法，他一生都在练字。早期，林则徐临摹的是东晋书法家王羲之的书帖，后来，他临摹过多位书法家如唐代颜真卿、欧阳询，元代赵孟頫等人的书帖。林则徐的书法可以说是功底深厚、风格鲜明。民国时期就有人称赞林则徐："书法端整秀润，一笔不懈，叹为稀有。"

就是因为写了一手好字，林则徐才获得了事业发展的机会。林则徐在福建巡抚张师诚那里做书记官时，有一年过年前，他为巡抚写一封拜表贺岁，本来是例行公事，谁知道送张师诚过目时，忽然在拜表上改了无紧要的几个字，并要他即时再抄正。林则徐赶着回家过年，虽感费解，但还是认真地抄正了。等到天亮张师诚回来，看了一遍拜表，就向林则徐"作一长揖"说，从前看你的书法，越到临尾，越有精神，我心里就很佩服了，现在更加相信。我看人不少，都凭这点预卜别人的功名富泽，多数应验。老兄将来功名一定胜过我，我愿把子孙都托付给你。

在古代科举考试中，对考生的书法是非常看重的，甚至还重要过文章内容本身。清朝科考要求之用"馆阁体"，要求字体乌、方、光、大，字体越是好看，就越容易入考官的法眼。

1829 年，38 岁的龚自珍经过第六次会试终于考中了进士。他在殿试对策中，从施政、用人、治水、治边等方面提出改革主张，阅卷考官都为他的才情所折服，然而主持殿试的大学士曹振镛却以“楷法不中程，不列优等”，将龚自珍排在三甲第 19 名。所谓“楷法不中程”，就是说龚自珍的楷书写得不好，不是当时科举考试流行的“馆阁体”。

据说，龚自珍殿试失利之后，忿忿不平，回到家中让自己的妻女苦练书法，后来果然个个都练得一手漂亮的楷书。

刚柔

卷六

原文：

敬贤如大宾，爱民如赤子。（班固《汉书》）

译文：

尊敬贤士如同尊敬贵宾，爱护百姓就像爱护初生的婴儿。

解读：

尊贤重士，是成为识人用人大师的首要秘诀。必须尊重、重视人才，首先必须自己具备重视人才的“价值观”，正像每家公司都有其价值观一样，这是作为一名识人用人大师必须具备的“价值观”！重视人才是一种胸怀，更是一种包容天下的博大胸怀。

周公洗一次头，多次停下来用手握住头发；吃一顿饭，多次停下来吐出正在咀嚼的食物；赶紧起身接待来访的贤士，怕怠慢了天下的贤人。

中国历史上有刘备三顾茅庐，请得诸葛亮出山、三分天下的故事；有曹操光脚迎接许攸，最终成为霸主的故事；有齐桓公不记追杀之仇，拜管仲为相，争霸中原的故事；有燕昭王筑黄金台，尊郭槐为师，礼贤下士，“士争凑燕”，终于破齐复国，报了大耻的故事；有李世民不拘一格，用人之长，避人之短，成就伟业的故事。贤明的君主都有一套用人留人的办法。

案例：

屈尊待人

曹操曾因为对待“小人物”态度的不同而影响大业。在官渡之战兵处劣势时，曹操听说袁绍的谋士许攸来访竟顾不得穿衣服，赤着脚出来迎接，对许攸十分尊重。许攸感其诚，遂为曹操出谋划策，帮了他的大忙。然而曹操也吃过忽略“小人物”的亏。益州别驾张松，本来是想卖主求荣，把西川献给曹操。曹操自从破了马超之后，志得意满，数日不见张松，见面就要问罪。于是张松改变了主意，把西川地图转而献给了刘备，这对曹操来说不能不是事业上的一大损失。

曹操善用人才，但他的奸雄作风也造成了东汉末人才三分，因此未能完成统一的重任，令人遗憾。他用才恩威并施：孔融以言论罪被族灭，崔琰以腹诽罪被赐死，毛玠因牢骚而下狱。曹操对掾属，动不动就加以刑杖，何夔经常在身上带有毒药，誓死不受辱，才幸免于刑仗。荀彧乃首席谋士，立有大功，又是儿女亲家，对曹操晋爵魏公表示不满，即遭到逼杀。监视臣僚、敢于杀戮虽有震慑作用，却遏制了人才的充分发挥，更使一些人才流失，投奔了刘备、孙权。

曹操的对手刘备一生有“三低”的行动，奠定了事业的基础。

一低是桃园结义，与他在桃园结拜的人，一个是酒贩屠户张飞，另一个是通缉犯关羽，而刘备曾被皇上认为皇叔，却肯与他们结为异姓兄弟。

二低是三顾茅庐。为一个未出茅庐的后生诸葛亮，刘备竟前后三次登门求见，这又一低，得到了一张宏伟的建国蓝图。

三低是礼遇张松。张松来时，刘备派赵云、关云长迎候于境外，自己亲迎于境内，宴饮三日，泪别长亭，甚至要为他牵马相送。张松深受感动，终于把西川地图献给了刘备，这再一低，不费吹灰之力得到西川。

有关屈尊待人，曾国藩重用容闳就是一个典型的例子。容闳是广东香山县人，自幼接受西方教育，早年留学美国耶鲁大学，后入美国籍。李善兰、华衡芳、徐寿等人都同曾国藩举荐过他。尽管容闳到过太平天国的天京，还向干王洪仁玕上书，提出过发展资本主义和七项建议，以后又与太平天国多次做过茶叶生意，曾国藩对此却并不怪罪。曾国藩接连三次发出邀请。35 岁的容闳初次登上总督衙署大门，次日便受到了曾国藩的接见。曾国藩在了解容闳的经历和学识以后，认为他确是个既了解西方又有胆识的人才。在问及当前对中国最有益、最重用的事情当从何处着手的问题，容闳答以莫过于仿照洋人建机器厂，尤需先办制造工作母机的工厂。曾国藩十分赞许，及时拨发巨款，委派他赴欧美采购机器。多年来一直在异国他乡做着中国富强之梦的容闳，受命之日，十分感奋。一年后他从美国采购来的机器，就安装在当时中国最大的军事企业——江南机器制造局中，为发展中国的资本主义起了一定的促进作用。

松下幸之助为人谦和，无论见了谁都点头哈腰，他用一句话概括自己的经营哲学："首先要细心倾听他人的意见。"这种大智慧值得每一位管理者学习。

原文：

直而不柔则木，劲而不精则力，固而不端则愚。（刘劭《人物志》）

译文：

一味刚直而不柔和，就流于僵直；一味强劲而不精巧，就流于蛮干；一味固执己见而不问来龙去脉，就流于愚暗。

解读：

鉴识一个人的刚柔，其精髓是考察一个人是否具有协调性，其实，考察一个人的修养，看其是否身心平衡，还是在性格上、能力上存在缺陷与倾斜。

无刚则不能自立，无柔则不能亲和；太刚则折，太柔则靡。人要想立得住，主要的还要靠对刚柔尺度的把握，“刚柔并济”。

《论语》中讲：“君子三变，望之俨然，即之也温，听其言也厉”。意为做人要刚柔结合，把握好一个度。能刚能柔，一直是从古至今人们所追求的一种至高境界。

一位知名总裁曾赠给儿子一句话：心灵如上帝，行动如乞丐，这与“低头做事，昂首做人”的道理是相通的。这是一种境界，一种阴柔之美与阳刚之气结合起来的为人、处世之道。

案例：

用人极尽刚柔

汉武帝在痛击匈奴方面，知人善任，确实很有魄力。汉军能打败匈奴主要是因为汉武帝用对了两个人，卫青和霍去病。

卫青与霍去病性格不一样，一个属内向型，一个属外向型。他们的做事风格也不一样，一个柔和谦恭，一个有勇气、果敢前往。

李广的儿子李敢因李广随卫青攻击匈奴误期自到的事而怨恨卫青，伏在路边打伤了卫青。卫青隐匿了此事。骠骑将军霍去病知道后，借李敢随汉武帝到甘泉宫打猎的机会射杀李敢。汉武帝问起此事，霍去病说李敢是追猎时与鹿相撞而死的。

清代的雍正皇帝在用人管人方面，可谓极尽刚柔之能。据考证，密折制度始于顺治，推行于康熙，而大盛于雍正。雍正刚登基，使下了一道收缴前朝密折的谕旨。康熙时有资格上奏的只是由中央派到地方上的常设官员，他们大多是皇帝家臣。如江宁、苏州织造等。终康熙一朝密奏者只有百余人。而雍正朝却多达一千一百多名，逐步扩大到各省督抚、藩、臬、提等。奏折的内容上自军国重务，下至身边琐事，无所不包。雍正朝的密折不但用来陈事，还用来荐人。于官员的任用、陟黜极为留意。他给官员授权，允许越境奏事，也可以越级监视，上下牵制。通过密折治国，雍正把政府机构牢牢握于手心，而他驾驭臣子尤其擅长恩威并施，他的密折朱批嬉笑怒骂，极有个性，时而威严，时而亲密，令臣子甘心效忠于他。

曾国藩对人才要求严格，绝不姑息。靖港战败，曾国藩投水自尽，靠了李元度在旁解救，才得以活命，李元度算得上他的救命恩人了。一次，曾国藩派李元度驻防徽州，临行前特地交代切不可轻易出兵，然李元度到徽州后却轻易进兵，结果全军覆灭。曾国藩不顾师生情面，将李元度严参革职。

原文：

人以懦弱无刚为大耻。（曾玉屏）

译文：

人生在世，以懦弱、无刚正倔强精神为大耻辱。

解读：

曾玉屏，号星冈，曾国藩之祖父。有三子，长子曾麟书即曾国藩之父。曾家祖上都是大字不识的农民，到了曾玉屏这一辈，经过祖上几代人的努力，算是过上了小康生活。

曾玉屏一生没有做过官，但在家乡，邻里之间发生了纠纷都愿意找曾玉屏来调解，人人对他心服口服。

曾玉屏特别重视教育，曾麟书算是曾家第一个读书人，但他天资愚钝，平生虽勤劳于学，考过十次童试，但都名落孙山。曾玉屏只好把希望寄托在孙子曾国藩的身上。

曾国藩的“打脱牙，和血吞”现在成了很多人的座右铭，他这种性格，受他祖父影响很大。曾玉屏心志很高，不时教导儿孙：“人以懦弱无刚为大耻，男儿自立，必须有倔强之气。”这句话曾国藩牢记一生，他曾经说过：倔强二字，不可缺少。一个人的功名、事业、文章，都必须有这两个字贯穿其中，否则懦弱萎靡，一件事也做不成。孟子所说的至刚，孔子所说的贞固，都是由倔强二字引出来的。如果除去愤怒和欲望而使身体强壮，保持倔强来激励志气，就可以不断进步了。

“挺立特立，做第一等人物”。挺立就是倔强。过人的毅力和倔强之气是曾国藩最突出的品格。

一个人要做成大事，内心绝不能缺少一股倔强的精神，这一点很重要，没有这种倔强的精神，人生就“挺立”不起来。

案例：

强项令被赏识

董宣是东汉刘秀时期官员，因执法如山、不畏权贵，受到朝野的赞扬，被誉为“强项令”。

当时，湖阳公主的家奴杀了人，藏匿在公主家里，官吏无法抓捕。等到公主出门，而用这个家奴陪乘，董宣在夏门外的万寿亭等候，拦住公主的车马，用刀圈地，大声数落公主的过失，呵斥家奴下车，接着便把家奴打死了。公主立即回到宫里向光武帝刘秀告状。光武帝极为愤怒，召来董宣，要用鞭子打死他。董宣磕头说：“臣希望乞求说一句话再死。”光武帝说：“想说什么话？”董宣说：“皇上您因德行圣明而中兴复国，却放纵家奴杀害百姓，将来拿什么来治理天下呢？臣下我不需要鞭子打，请求能够自杀。”当即用脑袋去撞击柱子，顿时血流满面。光武帝命令宦官扶着董宣，让他向公主磕头谢罪，董宣不答应，光武帝命宦官强迫他磕头，董宣两手撑地，终究不肯就范。公主说：“过去，弟弟你做百姓的时候，隐藏逃亡犯、死刑犯，使官吏不敢到家门。现在做皇帝，威严不能施加给一个县令吗？”光武帝笑着说：“做皇帝和做百姓不一样。”于是下令放了董宣，并赏赐了他三十万钱。董宣把钱全部分给手下众官吏。从此捕捉打击依仗权势横行不法之人，没有谁不害怕得发抖。京城称之为“卧虎”。人们歌颂他说：“没人击鼓鸣冤的是董宣。”

曾国藩也很倔强，明知政治败坏，民不聊生，“天下似无戡定之理”，却无动于衷，仍然要一拼到底。从出山的第一天起，曾国藩就立定了一个志向：“一不要钱，二不怕死。”不要钱，就戒除了私心；不怕死，就断绝了后路。

曾国藩的倔强性格，在他最初出来带兵的时候表现最为突出。他是以在籍侍郎的身份出来带兵的，没有地盘，也无粮饷，事事仰仗于人。偏偏曾国藩又是勇于任事之人，因而与地方官员势同水火，屡屡发生冲突。加上初期与太平军作战屡战屡败，更使他的处境雪上加霜。然而，在与官场政敌与太平军的双重搏斗中，却使他养成了一种咬牙立志、不肯认输的脾气。

原文：

五行为外刚柔，内刚柔，则喜怒、跳伏、深浅者是也。喜高怒重，过目辄忘，近“粗”。伏亦不伉，跳亦不扬，近“蠢”。初念甚浅，转念甚深，近“奸”。内奸者，功名可期。粗蠢各半者，胜人以寿。纯奸能豁达，其人终成。纯粗无周密，半途必弃。观人所忽，十有九八矣。（曾国藩《冰鉴》）

译文：

前面所说的五行，是人的阳刚和阴柔之气的外在表现，即是所谓“外刚柔”。除了外刚柔之外，还有内刚柔。内刚柔指的是人的喜怒哀乐的感情、激动或平静的情绪和有时深、有时浅的心机或城府。

遇到令人高兴的事清，就乐不可支，遇到令人恼怒的事情，就怒不可遏，而且事情一过就忘得一干二净，这种人阳刚之气太盛，其气质接近于“粗鲁”。平静的时候没有一点张扬之气，激动的时候也昂扬不起来，这种人阴柔之气太盛，其气质接近于“愚蠢”。遇到事情，初一考虑，看起来想得似乎很肤浅，然而一转念，想得又非常深入和精细。这种人阳刚与阴柔并济，其气质接近于“奸诈”。

凡属内藏奸诈的人外柔内刚，遇事能进能退，能屈能伸，日后必有一番成就。粗鲁和愚蠢各占一半的人，比一般人长寿；大奸之人表现得很豁达，所以最终成功；十分粗鲁而内心不周密的人，做事必半途而废。——以上这一点，也就是“内刚柔”，往往被忽视，而且人们十有八九都犯这个毛病。

解读：

性格不仅影响一个人的生活状况、婚姻家庭，也影响一个人的人际交往、职业升迁、事业发展、经营理财等。

这里提及的“内刚柔”，与人的性格异曲同工。性格决定一个人的成败得失，优良性格让人不管是在顺境还是在逆境中，都能坦然积极地面对，并且不懈努力，取得成功；不良性格会让人走尽弯路，受尽挫折，甚至在关键时刻毁掉一个人的一生。

在历史长河中，我们看到有多少人因恃才傲物，居功不逊，不能宽待他人而招致杀身之祸，或是自取灭亡。汉初名将韩信，居功自傲，最终落得木剑穿心。三国时期的张飞，经常体罚下属，后因关羽之故，又以暴力对待下属，结果遭到杀身之祸。明朝大太监魏忠贤恃宠傲慢，遭天妒人怨，落得个身首异处，千刀万剐。以上例子数不胜数，正如《道德经》中所说：“强梁者不得其死。”“不知常，妄作凶。”这些都值得世人深思。“骤然临之而不惊，无故加之而不怒”，是智者必备的修养。用隐忍代替怨气，以理性克制想当然，这套功夫，现在叫“情绪管理”，也叫 EQ。

案例：

关羽、张飞之死

关羽、张飞之死，与他们的性格缺陷不无关系。

史书上称关羽：“刚而自矜”“性颇自负”。比如诸葛亮就曾对刘备说：“云长平生傲上而不忍下。”所谓“傲上而不忍下”，是说关羽自以为能力超人，虽然对刘备没有表现出特别的傲气，但是对诸葛亮等上层的人则随时表现他的傲气；同时对待手下，关羽却往往不知有所体恤。

刘备在夺取益州过程中，收降了马超，自封益州牧后，拜马超为平西将军。关羽心中不服，便写信给诸葛亮，问：“超人才可比谁类？”诸葛亮知其意，写了一封回信：“孟起（马超字孟起）兼资文武，雄烈过人，一世之杰，黥（黥布即英布）、彭（彭越）之徒，当与翼德（张飞字翼德）并驱争先，犹未及髯之绝伦逸群也。”关羽得信，大悦，把它拿给众宾客传看。

当关羽听说黄忠与己并列五虎上将，大怒道：“大丈夫终不与老兵同列？”

不肯接受任命。旁人一再劝说，关羽这才肯拜受印绶。

特别让人不可理解的是东吴陆逊的一封卑辞赞美的信，竟骄其心，使之仰面大笑，撤去把守荆州的后防重兵。

孙权为儿子向关羽女儿求婚，关羽以“犬子哪能配虎女”的辞令回拒，何其爽快；攻襄樊，水淹七军，使曹操吓得想迁都，何其威风。不料竟被他一向轻视的吕蒙，逼得自己败走麦城。世人说关羽是“大意失荆州”，倒不如说他情绪管理不当，是骄矜狂妄所致。

公元219年秋天，关羽率兵攻打樊城和襄阳，命令南郡太守麋芳镇守江陵，将军傅士仁镇守公安，同时负责后勤供给。当时前方的仗打得很激烈，关羽节节胜利，但军粮物资往往供应不上，关羽认为麋，傅二人严重失职，扬言：“还，当治之！”麋芳和傅士仁平时对关羽轻视自己已心中不满，又听说关羽还军后要治他们的罪，自然十分害怕。所以当吕蒙派虞翻前来劝降时，毫不犹疑就把江陵和公安拱手送给虞翻，令关羽进退失据，兵败身亡。

再看张飞，对于张飞的性急易怒，动辄杀人，刘备非常担心，曾多次告诫张飞：“你用刑太严，甚至有时杀错人，又每日鞭打犯错误的军官，打完之后又把这些人安排在身边，一点防备也没有，这样下去必然会惹祸上身。”

张飞表面上非常诚恳地听从刘备的建议，实际上却缺乏自我反省，事后依然是我行我素。而正是这种脾气暴躁，才导致了他在东征东吴出发时，因思羽心切，动辄鞭笞部下，被麾下将领张达、范强刺杀，更带其首级奔降孙权。

《三国志》作者陈寿评论关羽、张飞时说：“关羽刚愎而骄矜，张飞暴虐而寡恩，两人都因性格弱点而丧生。”所谓性格弱点，也就是情绪管理的能力不够。

刘备雄才大略，却也因情绪管理不善导致死亡。关、张死后，他眼中只有怒火，什么国家大事、复兴汉室都不顾了，伐东吴，兵败彝陵，最后死于白帝城。

原文：

善将者，其刚不可折，甚柔不可卷，故以弱致强，以柔制刚。纯柔纯弱，其势必削；纯刚纯强，其势必亡。不柔不刚，合道之常。（诸葛亮《将苑》）

译文：

善作将领的必须有刚柔兼备的性格，但刚强不固执、温柔不软弱，所以可以弱致强，以柔制刚。但单讲温柔会导致软弱，势力会削弱；单讲刚强会导致固执己见，一意孤行，势必灭亡。不柔不刚，才合乎道理的常规。

解读：

太硬的东西，总是最容易受伤。比如，一把钢刀太坚硬了，刃常常就会磨损；一把硬弩绷得太紧了，弦就容易被拉断。我们做人也是如此，如果性格刚强、行为粗暴，则会处处遇到挫折与不顺。

传统观念上，武将都是刚强的男子汉大丈夫，似乎与“柔”不沾边，有的人讲“柔能克刚”。这些都是片面的，只说了一个方面。诸葛亮说得非常准确，一员将领，该刚时要坚强无比；该柔时，可以委曲求全。要依据需要，该刚则刚，该柔则柔，应付自如。诸葛亮的结论是：“不柔不刚，合道之常。”这确实很有见地，符合辩证法的真知灼见。

当然，要真正做到刚柔相济，刚柔适度，也是很不容易的，要善于审时度势，恰当应对。一员良将，甚至一个普通人，为人处世，要立于不败之地，又必须学会刚柔相济，刚柔适度。

每个人都有自己独特的性格，不同的性格造就截然不同的成败结局。掌握自己命运的人一定是具有优良性格的人。“性格决定成败”，这是对人性格与人生成败二者关系的最好诠释。

什么样的工作，需要什么性格和气质的人来做合适，大有讲究。当然，性格和气质只是素质的一个方面，要知人，还应全面了解人的素质，这就靠领导对人的理解力了。

案例：

刚柔兼备

名将卫青一生共七次率兵出击匈奴，本部无一败绩，因他治军严明，能与士卒同甘共苦，作战骁勇，深受将士爱戴。尽管功勋卓著，卫青为人却谦逊低调，《史记》评价他“为人仁善退让，以和柔自媚于上”。汲黯从不对卫青礼拜，而卫青不但不生气，反而更加敬重他。李广死后，儿子李敢为父抱不平，击伤卫青，卫青并未声张，他的外甥霍去病却甚恨李敢，在行猎中暗中射杀李敢。漠北之战后，功高盖主的卫青被汉武帝冷落，卫青也无怨无悔，平淡地过了余生。卫青了解汉武帝的心态，十分明智地将自己定位为军人，而不是权臣。所以，虽然历史上兼备战功与智慧的名将能善终者不多，但卫青便有幸是其中之一。

北宋苏轼、苏辙兄弟性格差异极大。苏轼属外向型，为人豪爽，快人快语，得罪的人不少，屡遭贬谪；苏辙属内向型，能韬光养晦，待时而动，文笔虽不及其兄，但仕途比较顺利，最后官至副宰相。

曾国藩任两江总督时，有人向幕府推荐了陈兰彬、刘锡鸿两人。陈兰彬，刘锡鸿颇富文藻，下笔千言，善谈天下事，并享有盛名。接见后，曾国藩对陈，刘二人作了评价：“刘生满腔不平之气，恐不保令终，陈生沉实一点，官可至三四名，但不会有大作为。”

不久，刘锡鸿作为副使，随郭嵩焘出使西洋，两人意见不和，常常闹出笑话。刘写信给清政府，说郭嵩焘带妾出国，与外国人往来密切，“辱国实甚”。郭嵩焘也写信说刘偷了外国人的手表。当时主政的是李鸿章，自然倾向于同为曾门的郭嵩焘，将刘撤回。刘对此十分怨恨，上疏列举李鸿章有十大可杀之罪。当时清政府倚重李鸿章办外交，上疏留中不发。刘锡鸿气愤难平，常常出语不逊，同乡皆敬而远之；刘设席请客，无一人赴宴，不久，他忧郁而卒。

陈兰彬于同治八年（1869），经许振炜推荐，进入曾国藩幕府，并出使各国。其为人不肯随俗浮沉，志端而气不勇，但终无大的建树。

武则天侍奉唐太宗的时候，唐太宗有一匹烈马狮子骢，没有人能制服得了它。武则天表示，她能制服烈马，但要有三件东西：一是铁鞭，二是铁锤，三是匕首。先用铁鞭打它，不服，用铁锤打它的头，还不服，就用匕首割它的喉咙。后来，她就是用制服烈马的这种办法控制她的群臣。

面对武则天的强硬政策，李家宗戚显得软弱退让，结果屡屡成为她的刀下之鬼。705年，以沉稳有谋的宰相张柬之为首的强硬派，决定以强对强，逼迫武则天让位。他们趁武则天生病时，率左右羽林军五百余人，把异己分子或捕或杀，干净利落地消除了后患，然后让太平公主直接找武则天，劝迫其传位。不多时，唐中宗李显复位。显然，对于像武则天这样在十五年之中以强硬态度控制朝政而得心应手的人，如采用软弱退让的手法，只能使武则天更加为所欲为。

曾国藩生成一对三角眼，似闭非闭，个性内向，有什么事，常在心里打圈圈。因此，人们给他取了个外号，叫“闭眼蛇”。

他从小就很有心计。19岁时，他与弟弟曾国潢去衡阳，师从汪觉庵。弟弟聪明伶俐，深得汪觉庵的欢心，常受夸奖，而曾国藩却默不好言，老师对他的功课只用“也好”二字敷衍了事。一次，他背书不畅，老师训斥他，你将来要是有出息，我给你背伞！多年后，曾国藩高中进士，还乡拜谢汪觉庵时，特地带了把伞，进门便放在汪家的神龛侧。后来告辞，他起身便走，刚到门口，突然对送行的汪觉庵说忘了带伞。汪觉庵连忙取来伞，曾国藩不冷不热地道了谢。汪觉庵猛想起往年的话，哭笑不得，只有长揖而已。

曾国藩主张节俭，曾经在自己的家门口贴告示说，凡以后我有事诸位不要送礼，诸位有事我也没钱可送。有个同僚看他不惯，在他生日时，故意羞辱他，只送去五分银子，在封皮上写着：“送贺礼白银一钱，现银五分，赊欠五分。”后来这个朋友嫁女儿，曾国藩也过府送礼。同僚一检查，他竟送了个空信封来，封皮上写着：“送贺礼白银一钱，讨还你欠我的五分，再赊五分。”

原文：

不临难，不见忠臣之心；不临财，不见义士之节。（宋林逋）

译文：

不面对到难处，就不会看出忠臣的心意；不面对财物，就看不出义士的节操。

解读：

血性是一种气质、一种精神、一种品德，是刚强的浩然正气，是热血沸腾、自强不息的精神。

人们常言“时势造英雄”，假如坐等时势的到来，或怨尤自己生不逢时，乃至随波逐流，此等人屡见不鲜，毫无血性，大抵皆为碌碌之辈。什么是血性？藐视困难，力挽狂澜，知其不可为而为之，这是血性。好汉打脱牙齿和血吞，屡败屡战，百折不挠，这也是血性。不盲从、不苟且，敢于挑战权威，敢于开创风气，这又是血性。

《山海经》里有一个叫刑天的人，因和黄帝争神座，被黄帝砍掉了脑袋。不想刑天又站了起来，以乳为眼，以脐为口，舞着盾牌和斧头，继续与黄帝战斗。东晋诗人陶渊明《读山海经》诗：“刑天舞干戚，猛志固常在。”赞扬刑天虽失败，仍然战斗不已的精神。刑天，象征着一种精神：有血性，永不妥协！

案例：

有血性之人难得

曾国藩以一介书生起家，秉承“男儿以无刚为耻的”信念、敢于“打脱牙和血吞”，在湖南创办团练，屡败屡战，敢于扎硬寨，打大仗，终于铸就了湘军，扫平太平天国。湘军首领除曾以外，胡林翼、左宗棠、彭玉麟等等都是名垂宇内、大名鼎鼎的骁将。

左宗棠收复伊犁时，以将近六旬的高龄，命部下抬着棺木，从肃州出行。百姓说他仿如抬着棺材战庞德的关公。他如此示威，是给正在谈判桌上与俄国人交涉的曾纪泽撑腰。最终，他为后人赢得了 160 万平方公里的土地，后虽年老体弱，仍坚持对法作战，直至去世。梁启超赞他是“百年来对中国贡献最大的人”。

再说彭玉麟，这位被曾国藩视为南岳奇男子的湘军水师统领，是一位真正的大丈夫，一生淡泊名利，从军时屡有归隐之心，但只要听说国有危难，便挺身而出。彭也是一位至情至性之人，当妻子去世之后，便再未婚娶。可以说正是因为有这样一大批极具血性的将领，才有湘军后来之成功。

至于湘军的军官人选，国藩更是看重其是否具有书生的“血诚”，只有这些外表木讷，而志存高远，不染习当时一片浮华的社会风气的血诚书生，才能给军队一种全新的风气。他说：“带勇的人，第一要才堪治民，第二要不怕死，第三要不急于名利，第四要耐苦受劳。大抵有忠义血性，这四种自然而然就都俱备了；没有忠义血性，即使表面上四者都具备，但最终这种人还是不能用。”可见，曾国藩用人重血性，并让他们在以后的战斗中不断地磨炼。

原文：

小不忍，则乱大谋。（孔子《论语》）

译文：

小事情上不能忍耐，就会打乱大的计谋。

解读：

“小不忍则乱大谋”是说，凡事要忍耐、包容一点，如果一点小事不能容忍，脾气一来，就会坏了大事。许多大事失败，常常都是由于小地方失误搞砸的。

战国时的苏秦到秦国游说，秦王不用他，于是，他非常落魄地回家。回家之后，备受父母、嫂嫂、妻子的冷遇。于是，苏秦发愤读书，最终游说成功，身挂六国相印。对此，苏秦深有感慨：“如果当初我在洛阳有几亩地的话，现在我还能佩戴六国相印吗？”

不该干的事，即使很想去干，但坚持不干，叫“忍”。所谓“心字头上一把刀，遇事能忍祸自消”“忍得一时之气，免却百日之忧”。

有抱负、有梦想的人，不应琐屑较量个人得失，更不应在小事上纠缠不清，而应有开阔的胸怀和弘远的抱负。

在一个强手如林的世界里，凡志向远大者，必定能够识大体、顾大局，而忍就是识大体、顾大局的表现。纵观历史，能成非常之事的人都懂得忍的意义。

案例：

耐劳忍气

在三国历史中，司马懿是一位靠耐性、权谋、机智、残忍去夺得胜利的赢家。

司马懿打仗、治国比不上诸葛亮；辨人识人比不上刘备；谋略战术比不上周瑜；武力更比不上关羽和吕布。他所以笑到最后，靠的并不是权谋和人脉，而是靠忍。

司马懿深藏不露，善于后发制人。魏明帝死后，曹爽夺取了司马懿手中的权力，司马懿采取的策略就是忍，居然从景初三年（239）忍到正始十年（249），才发动政变。司马懿整整韬晦了十年，也就是忍了十年。

司马懿准备发动政变的事情，都是同他的长子司马师秘密商量的，其他人一概不知，包括次子司马昭也不知道。等到司马懿决定发动政变的前一天晚上，才告诉司马昭。

贾诩，著名谋士、军事战略家，也是曹魏的开国功臣。他是曹操最信任的谋士，贾诩算无遗策，却在官渡之战前夕，随张绣投奔曹操后，再也不主动出谋划策，不是曹操自己来问他，或者曹操手底下的谋士们都说完之后贾诩是不会多说一句话。凡事隐忍低调，每日关门自守，不结交其他官员，他子女婚嫁也不攀结权贵，当时天下谈论智谋之士时都十分推崇他。他辅佐曹操、支持曹丕、位列三公，77岁高龄寿终。多年后，贾诩还与王朗、曹真、辛毗配享魏文帝庙。可以说是最得善终的忍者。易中天评价贾诩说："贾诩能在乱世中审时度势，自己是活得时间最长的，还保全了家人。这才是真正的大智慧。"

"吾服官多年，亦常在耐劳忍气四字上做功夫也。"这正是曾国藩的心得。在收敛低调中做人，在挫折屈辱中做事，在巧与周旋中攀升，大丈夫，能忍难忍之事，这就是曾国藩。但他的"忍"并不是一味的强忍，而是善忍、会忍，当忍则忍，不该忍则不忍。对皇上、太后以及满蒙亲贵的猜疑、排挤和种种不公，曾国藩一忍再忍。曾国藩在带领湘军作战阶段，就透过数百封家书，向朝廷表白自己绝无自立为王的心志。哪有谁的家书是公开给全天下看的，曾国藩不断地跟朝廷表明自己绝无功高盖主的企图。但对误国误军，贪婪无度而又加害于他的人，则"是可忍，孰不可忍"，或拍案而起，参人一本；或势不两立。“刚”让他四次抗旨，以保湘军。曾国藩刚练水勇时，水陆两军约有万余人，这时若和太平天国的百万之师相抗衡，无异是以卵击石。因此曾国藩为保护他的起家资本，曾四次抗旨朝廷。

20世纪80年代，加拿大前总理特鲁多在下野后向邓小平请教复出的“秘诀”，邓小平的答案是“忍耐和信仰”。正是凭着这个“秘诀”，他三次被打倒，三次复出，而且一次比一次获得更大成功，被西方人称为“打不倒的东方小个子”。

原文：

抗厉之人，不能回挠；论法直则括处而公正，说变通则否戾而不入。（刘邵《人物志》）

译文：

刚强严厉的人，不能迂回处事，所以让他处理公正裁决的事情他做得来，而让他做变通的事情则不行了。

解读：

有的人性格随和且通情达理，有的人性格固执刚强不懂变通，这两种截然不同的性格会造就不同的人生轨迹。

固执刚强的心态常让我们的思维囿于一角，片面地看问题、作决断。古人云：穷则变，变则通，通则达。这并不是一句无凭无据的空话，而是一个经过实践反复验证了的真理。

变通并不是要求一味的改变，而是要根据具体情况作出合理又合适的判断和选择。不懂变通的人只会盲目坚守。

有位哲学家讲过一则寓言：太阳和风打赌看谁能让路人把衣服脱掉。结果是：风拼命吹，路人把衣服裹得更紧了，太阳仅是一照，路人就把衣服脱掉了。这则寓言告诉我们这样一个道理：柔能克刚。纵观古今，有多少人把刚柔平衡的道理运用到了极致，所以才成就了一番伟业。

案例：

张居正不重用海瑞

明代名臣张居正的用人标准，概括起来，八个字：重用循吏，慎用清流。所谓“循吏”，就是那种少说话，多做事，且能因势利导、灵活变通的干才型官员；“清流”是那种说得多、做得少、满脑子道德教化且不知变通的人。

张居正上台当首辅，海瑞满以为张居正会提拔，可是等了很久也没有提拔的消息。吏部有人提议起用海瑞，张居正批示说：“海瑞秉忠亮之心，抱骨鲠之节，天下信之。然夷考其政，多未通方。只宜坐镇雅俗，不当重烦民事。”意思很明确，海瑞品德高尚，但过于偏执严苛，缺乏变通，只能当道德模范，不适合参与政事。所以，张居正掌权期间，一直没有起用海瑞。

张居正认为，海瑞的确是一个好人，道德、自律都很好，但是好人不一定就能当好官。好官的标准应该是既能让朝廷放心，又能够造福一方百姓。海瑞做官非常讲原则，但没有气量；有操守，但缺少变通。况且海瑞的名声很好，老百姓的呼声很高，如果要起用，就得给他很高的职位，比过去的职位高，才叫重用；如果比以前的职位低，那就证明张居正不尊重人才。不过话又说回来，你给他更高的职位，他却依然我行我素，岂不是要贻笑大方？最后他决定不用海瑞。

原文：

凡民之中有君子人者，率常终身幽默，暗然退藏。彼岂异性？诚见乎其大，而知众人所争其者之足深较也。（曾国藩《挺经》）

译文：

大凡人中君子，往往都是终身寂静藏锋，恬淡地弃官隐居。难道这些人跟一般人天性不同吗？事实上，这些人才真正看到了大的东西，并且知道一般人所争逐的是不值得计较的。

解读：

“才高被人忌”，这是古今社会的通病。一个人，想要在社会上很好的生存，最好学会韬光养晦，不要锋芒太露。锋芒除了能证明一个人的价值，同时还容易伤害别人，容易刺激别人的嫉妒心理，从而迟早会伤害到自己。

曾国藩对“藏锋”有过精辟论述：“言多招祸，行多有辱；傲者人之殃，慕者退邪兵；为君藏锋，可以及远；为臣藏锋，可以及大；讷于言，慎于行，乃吉凶安危之关，成败存亡之键也！”

韬光养晦不仅是一种生存策略，也是一种美德。一个甘愿处于次要位置的人、一个谦卑的人，最后会赢得大家的尊重和爱戴。韬晦需要一个人的智慧，有了这种智慧，才能在事业上应变自如，无所不能。

藏而不露，并非不露。把握好藏与露的分寸，最后才能露出真正的锋芒。

案例：

韬光养晦，收敛锋芒

春秋末期的越王勾践，因在会稽山兵败于夫差，以赦越国百姓无罪为条件进吴国宫中给夫差当了低等侍从。在夫差宫中，勾践忍受夫差对他的种种羞辱。有一次，夫差生病，勾践为了表明忠心，竟亲自尝了夫差的粪便。勾践由于做奴才“表现优异”，很快就被遣送回国，并在十年的卧薪尝胆后一举消灭了吴国。

三国时，刘备吃了败仗投奔曹操。为了掩盖其雄心壮志，整日在后院种菜。曹操的谋士劝他说：刘备乃天下之枭雄，宜尽快除之，但是曹操没有这样做。与刘备煮酒论英雄时，曹操说：“天下英雄唯史君与操尔。”结果把刘备吓得连筷子都扔到地上。因为天正巧打雷，刘备借机掩饰过去了。后来，刘备以借兵拦截袁术为由，脱离了曹操的掌心，最终成就了三国鼎立之势。

清康熙年间，康熙帝废太子后，其余十多个王子都纷纷登场，争夺太子之位。四王爷胤禛的谋士告诫他“争是不争，不争是争”。四王爷按照这“八字方针”去做，以退为进，表面上退出争夺太子的闹剧。其他皇子却你争我夺，两败俱伤，纷纷落马。最后，皇帝的宝座果真留给了四王爷，开辟了雍正王朝。

夺位功臣之一的年羹尧，不但不知收敛，却更加得意忘形，不仅霸占了蒙古贝勒七信之女，还斩杀提督、参将多人，甚至蒙古王公见到他都要先跪下，因此弹劾他的奏章多似雪片。更严重的是，他任人唯亲，在军中及川陕用人自专，称为“年选”。而且，他在皇帝面前“无人臣礼”，在咨文中擅用令谕，语气模仿皇帝。年羹尧最终被削兵权，后直至被杀，那就不足为怪了。

曾国藩攻破南京，平定太平天国之际，马上给他的弟弟曾国荃寄去一封信，信中附了一首诗：“左列钟铭右读书，人间随处有乘除；低头一拜屠羊说，万事浮云过太虚。”诗中屠羊说的典故，出自《庄子·让王篇》。屠羊说是一个帮助被伍子胥打败逃亡在外的楚昭王复国的隐士。昭王回国后再三请他做官，他坚辞不受，宁肯继续过摆摊卖肉的清贫日子。曾国藩借用这一典故，告诫弟弟，千万不能因此而骄傲自大，越有功劳越得低头做人。他深知，当时的环境对他们兄弟二人极为不利，朝廷内外，说他们坏话的人很多很多，他不能不明哲保身，收敛避祸。

忠侫

卷七

原文：

君子坦荡荡，小人长戚戚。（孔子《论语》）

译文：

君子心胸宽广坦荡，小人经常心绪不宁。

解读：

在《论语》中，孔子常把“君子”与“小人”比较而论，从道德修养、人格理想、义利观和行为观等方面区分了君子和小人。

君子大公无私，襟怀坦白，为人做事明明白白，所以胸怀宽广，心情舒坦，外貌、动作也显得十分舒畅安定，而小人则不同，受名利的诱惑，他们处处考虑自己的得失，为了私利不择手段，所以整日患得患失，外貌、动作也显得忐忑不安，常是坐不定、站不稳的样子。梁皇侃《论语义琉》引江熙说：“君子坦而夷任，荡然无私，小人驰竟于荣利，耿介于得失，故长为愁府也。”这充分说明了君子与小人的不同胸襟。

晏子是春秋时期的贤相，他历事齐国三代国君，但对孔子倡导的儒家思想并不认同。于是，齐景公也就日渐冷落孔子了，一些齐国大夫还想谋害孔子。孔子就赶紧离开齐国。晏子死后，孔子仍不吝赞美：“救民百姓而不夸，行补三君而不有，晏子果君子也。”“晏平仲善与人交，久而敬之。”可见，孔子确实是心胸坦荡之人，他没有因晏子反对过自己就耿耿于怀。

案例：

君子坦荡

直不疑，南阳人。在汉文帝的时候，他曾经担任郎官。一次，他的同房郎官中有人请假回家，但是这个人错拿了另外一个郎官的黄金。不久，黄金的主人发现丢失了黄金，便胡乱猜疑是直不疑干的。对此，直不疑没有做任何的辩驳，他买来了同等的黄金，交给了失主。过了几天，请假回家的郎官返回来，把错拿的黄金交还给了失主。这个丢失黄金的郎官十分惭愧，向直不疑道歉，直不疑十分大度，没有任何怨言。因此，远近的人都称赞直不疑是位忠厚的人。

七国之乱的时候，直不疑以二千石官员的身份带领军队参加了平叛战争。汉景帝表彰平定七国之乱的有功人员，直不疑被封为塞侯。他为官很低调，不喜欢别人用官名来称呼他，后来人们都尊称他为长者。

北宋词人晏殊，自幼聪慧好学，五岁就得“神童”称号。江南安抚使张知白非常欣赏其才华，以神童的名义向朝廷推荐。真宗皇帝召晏殊和千余名进士一起参加殿试。晏殊提笔成文。真宗很是欣赏。两天之后，又进行诗赋策论的复试。接到题目后晏殊说：“我曾经做过这样的文题，请换其他题目考我。”真宗更加赞赏晏殊诚实坦荡的品质，授其秘书省正事，留秘阁读书深造。真宗还命直史馆陈彭年暗中观察晏殊平时与什么样的人交游相处，得到回复后真宗时常称许晏殊。

当时，官员们去市楼酒馆宴饮成风，晏殊就待在家与兄弟们讲习诗书。一天，真宗御点晏殊给太子任讲官，执政大臣很疑惑，真宗说：“最近听说馆阁大臣们都去嬉游宴饮，一天到晚沉醉其中，只有晏殊与兄弟闭门读书，这么谨慎忠厚的人，是教习太子读书的最佳人选。”

晏殊上任后，真宗告知任命他的原因，晏殊说：“为臣并非不喜欢宴游玩乐，只是家里贫穷，没有钱游乐。”真宗因此更欣赏他的坦荡。仁宗登位后，他得以大用。

原文：

千人之诺诺，不如一士之谔谔。（司马迁《史记》）

译文：

与其听一千个人唯唯诺诺的话语，还不如听一听一个正直之人的愕愕诤言。

解读：

“千人之诺诺，不如一士之谔谔”，见于《史记·商君列传》，是战国策士赵良对秦相商鞅的谏言。战国策士赵良要投入商鞅帐下，提出“终日正言而无诛”，意为整天说真话但不被打击报复。赵良还举了前代的两个典型例子，周武王身边不乏谔谔之士，最后能够成就大业；殷纣王周围都是趋炎附势之徒，最后亡国亡身。商鞅欣然接受了这个条件，并且进一步引申出“貌言华也，至言实也，苦言药也，甘言疾也”的道理。

作为一个领导，识人时不仅要做到兼听，更要尽可能地多听听个别少数人的意见，只有这样，才能达到“兼听则明”的效果，才能做到“不以人蔽己”。

正直，集智慧和勇敢于一体，走正道的人所具备，因此而走得久远、走得平稳，因为其中有道德力的助推。正直的人敢思敢想、敢作敢为，他们似乎有一种内在的平静，热情而不莽撞，从容地面对阻碍，却不畏歪风邪气的冲击；他们抱诚守真，赤心相待，问心无愧。

正直具有这么一种力量，它能赢得他人的信任。成大事者最重要的素质就是正直。

案例：

正直赢得信任

陆贽是中唐时期卓越的政治家。他的学养才能和品德风范，深得人们称赞。

唐德宗在东宫做太子时，向来知道陆贽的名声，于是即位后征召他做翰林学士，调任祠部员外郎。陆贽认为政事有不可行的，极力提出不隐瞒。朋友告诫他，认为这样做太严厉，陆贽说："我上不辜负天子，下不辜负我学的道德学识，不能顾虑那些别的事。"他在官吏政事上很精通，根据情况决定判断，没有一点儿差误。

在廉洁问题上，陆贽不仅严于律己，而且敢于犯颜直谏。奉天之乱（唐德宗因藩镇叛乱，被迫逃往奉天的事件）平息后，德宗在官库之外恢复私设"琼林""大盈"二库，专供皇帝享用。陆贽又专呈奏状劝谏《奉天请罢琼林、大盈二库状》，指出："财散则人聚，财聚则人散。"——为官者将税赋收入用于民生，则人心所向；否则，敛财贪贿奢靡成风，则人心所背。并明确请求德宗皇帝摒弃私库。德宗阅状后，"即命去其榜"，把"琼林""大盈"二库的牌匾摘下。

鲁宗道，北宋著名谏臣，做人诚实刚正，嫉恶如仇，遇到事情敢于直言，不被谨小慎微的事拘谨。作教育太子的官时，家住得离酒店很近，有一次穿着便衣到酒店中饮酒，恰巧真宗急召他入宫，使者到了门，过了很久，鲁宗道才从酒店回来。使者先回宫了，说："如果皇上怪罪你来晚了，你用什么来回答？"鲁宗道说："你只要用实话告诉皇上。"使者说："要是这样你会有罪的。"鲁宗道说："喝酒，人之常情。欺骗君王是做臣子的大罪啊！"真宗果真问了，使者就把鲁宗道所说的详细告诉了皇上。皇帝问了鲁宗道，鲁宗道谢罪说："有老朋友从乡里来，我家贫穷得没有杯盘，所以就到酒店去喝酒。"皇帝认为鲁宗道忠诚，可以重用。

他对于如何考察官吏、整顿吏治，向宋真宗提了许多意见和建议。宋真宗对他颇感厌烦。鲁宗道对真宗说："陛下你任用我，哪里是仅仅为了收到纳谏的虚名呢？我以身居其位而不实际干事为耻辱，请皇上罢去我的官吧！"真宗为他的敢于直言所感动，在金殿的墙上大书"鲁直"二字，让大家向他学习。

仁宗即位后，章献太后临朝参政，当时有人上疏请立刘氏七庙。众大臣明知不妥而不敢言。鲁宗道直言劝阻，使章献太后放弃了这一计划。枢密使曹利用恃权骄横，人人侧目而不敢得罪。鲁宗道在皇上面前几次参奏他。所以那些贵戚、权臣对他都很畏惧，给他送了个“鱼头参政”的外号，一因“鲁”字上为“鱼”字，二因他骨硬得好像鱼头一样。

原文：

知人必慎于听言。（曾国藩《挺经》）

译文：

想真正了解一个人，必须谨慎对待他的言辞。

解读：

古人一向对言辞过多的人没有好感，孔夫子尤其不鼓励那些能言善道的弟子，在他看来，那是夸夸其谈，所以他说“巧言令色鲜矣仁”，让学生“慎言”。

孔子说：“花言巧语，一副讨好人的脸色，这样的人是很少有仁德的。”曾子进一步详细阐述说：“胁肩谄笑，病于夏畦。”即耸起两个肩头，做出一副讨好人的笑脸。小人经常靠着花言巧语，害人害己，甚至误国误民。

白居易有诗曰：“笑中有刀潜杀人。”笑中有刀，指的是唐高宗时的宠臣李义府。他为人“貌状温恭，与人语必嬉怡微笑，而褊忌阴贼”。他以拍马屁起家，一旦得权后，专事笼络与斗争，他要打击异己时，总是向对方表示善意，笑脸以对，所以人称他为“笑中有刀”。

我们对花言巧语一定要存有戒心，对那些信口雌黄、表里不一的人，一定要慎听、严察。否则，一旦被花言巧语所困，又听不进别人提醒，后果将不堪设想。

小人们不一定有什么真本事，但会揣摩领导的心事，他们也有决心有恒心有耐心有细心寻找领导的喜好和弱点，会投其所好，赢得信任，同时贬低同事，取得他们想得的私利，至于事业受损，小人们是不管的。

案例：

勿被花言巧语蒙蔽

楚国的费无忌，可谓小人中最有“成就”的一个。

楚平王即位后，任命伍举之子连尹伍奢为太子太师，任命宠臣费无极为太子少师，太子建尊重伍奢而嫌恶费无极，费无极暗自衔恨。

当时晋国的力量越来越大，楚国非常害怕，为了联秦抗晋，于是派了朝中最巧言善辩的费无忌去到秦国为太子建求亲迎娶。费无忌看到新娘如此美貌，便心生邪念，不顾一切快马回宫，对楚平王细述姑娘之美，并进言趁太子尚未见面大王先娶之。好色的楚平王被巧舌如簧的费无忌说动了心，转眼间，这位本该成为太子夫人的秦国姑娘，便成了公爹楚平王的妃子。移花接木的费无忌，也成了楚平王的心腹。但他却做贼心虚，因为他知道太子迟早要接班的。于是他对楚平王诬陷说太子要谋反。楚平王遂下令捕杀太子及老师伍奢父子。后来，太子与伍子胥只好逃离楚国。数年后，伍子胥率大军复仇，楚国就这样被灭掉了。

楚昭王继位后，伯郤宛担任左尹，他为人正直，很得人心。费无极见楚昭王这么信任伯郤宛，心里又气又恨，本来想等老令尹囊瓦（子常）一死，自己来当令尹的。如今伯郤宛成了他的最大障碍。他让郤宛邀请囊瓦，在家展示他对吴国战争获得的兵器，他对囊瓦说，郤宛要在家中杀死囊瓦。囊瓦大怒，诛杀了郤宛一家，只有伯嚭逃到吴国。因此，国人非常痛恨令尹，连周天子派来送祭肉的人也都指责他。子常只好把费无极宗族全部诛灭，以此来取悦于国人。

胡雪岩胡庆余堂的一个采购人员曾不小心把豹骨误作虎骨买了进来，而且数量不少。进货的阿大认为这个采购人员平日做事很牢靠，忙乱之中未加详查就把豹骨入库备用。有个新提拔的副档手得知此事，以为又是晋升的机会了，就直接找到胡雪岩打“小报告”。胡雪岩当即到药库查看了这批药材，命药工将豹骨全部销毁。眼看由于自己工作失误带来巨大的经济损失，进货的阿大羞愧地递了辞呈。不料，胡雪岩却温言相劝，表示忙中出错，在所难免。但对那位副档手，胡雪岩却发了一张辞退书。胡雪岩认为，身为副档手，发现伪药不及时向进货阿大提醒，已是渎职，而背后打“小报告”更是心术不正，继续使用此类人，定会造成上下隔阂。

原文：

不可以一时之誉，断其为君子；不可以一时之谤，断其为小人。（冯梦龙）

译文：

不能根据一两次人们对某人的称赞，就判断某人为君子；不能根据一时的非议，就判断这个人为小人。

解读：

孔子曰：君子坦荡荡，小人常戚戚。孔夫子在教育他的弟子时常以君子和小人之分来明辨是非。

现实生活中，不乏有忠心耿耿的正人君子，也不乏口是心非的小人。作为领导在用人任人时，一定要辨别真伪，透过假象识真人。

对于如何识破君子和小人，北宋著名的政治家、历史学家司马光给出了颇为可行的建议：

要了解一个人，就要先观察他的言行；听别人的话，要先弄清楚他的本意；看人家做事，要对照事情的结果。

爱许诺的人，未必守信；会说话的人，未必能躬行；身体力行的人，未必能说会道；高声叫骂者，未必勇敢；讲话温和者，未必胆怯；少言迟钝者，未必愚蠢；滔滔不绝者，未必聪明；朴拙逆反者，未必背叛；顺从迎合者，未必忠诚。

判断一个人，应该在遇到大事、要事之时，看他是否能轻松胜任；在顺逆处境之中，看他的胸襟气度；在喜怒之际，看他的涵养；在公众场合里，看他的言行举止、学问见识。人的品行节操，在利害关头就能看出；人的修养气量，在喜怒之际就可知道。卑下讨好之人，并非真心遵循礼仪；沽名钓誉之辈，其实并非聪明。

品评人物，应论其是非，而不是计较成败。

只有在生命结束时，才能对一个人的功过是非下结论；只有在面临大事时，才能表现出一个人的节行操守。

案例：

君子小人之辨

汉光武帝刘秀对于臣下的阿谀奉承，常能持一种清醒的、有时甚至是厌恶的态度。他更愿意多表扬一些刚正不阿的官吏。在他的诏书中，经常说自己“德薄”，要上书者不要称他圣明。各郡县经常报告一些所谓“嘉瑞”事物，群臣要求史官将这些“嘉瑞”记载撰写成书，以传后世，刘秀一律不许。有一次，刘秀外出打猎深夜方归，要从洛阳城的东北门进城，掌管这个门的官吏郅恽拒不开门。刘秀让人点起火把，并告诉说皇帝回来了，郅恽托词“火光闪烁又远，看不清楚”，就是不开。刘秀没法，只好转到东城门进了城。第二天，郅恽上书批评了刘秀一顿，说他游猎山林，夜以继日，带领出一种不良风气，危害国家。刘秀不但没有治罪于他，反而赏了郅恽100匹布，把掌管东城门的官吏贬为登封县尉。

刘秀在执政初期，内外群官多由他自己选任；如干不完他交办的事，尚书一类的近臣常被拉到面前棍打鞭抽，以致“群臣莫敢正言”。刘秀的明君风范，使刘氏汉家天下走向繁荣，实现了“光武中兴”。

宋朝有位官员陈瓘，曾于上朝时，见到蔡京盯着眼看太阳，直视很久而不眨眼，推测蔡京将来必定显贵。然而他敢与太阳敌对，得志以后一定飞扬跋扈，连皇帝也不放在眼中。后来陈瓘官居谏院，就特别留意检举蔡京的过错。当时蔡京掌管皇帝诏命的草拟，奸恶尚未显露，众人都认为陈瓘的话太过分了，蔡京也通过亲近的人来为自己辩护。陈瓘攻击得愈加用力。蔡京得志后，果然象陈瓘预言的那样，别人才想起陈瓘当时的话来。

原文：

人无忠信，不可立于世。（程颐《程颐文集》）

译文：

一个人如不讲忠诚信义，他将无法在世上立足。

解读：

古人说“人无忠信，不可立于世”，忠诚作为一种德，难能可贵。

一个人的立身之道各有不同，但不管以什么样的方式和态度做人，不可缺少诚实守信这一条，因为它是人们立身处世的基础。

曾国藩主张军人要讲“血诚”，就是要用生命和鲜血去换取忠诚。曾国藩本人就曾经四次自杀，以取得忠名。

他要求人才也须“忠”。曾国藩的幕僚多达400余人。他对幕僚进行教育，培养他们成才，同时帮助他们升官发财，从而可以更好地为他服务；反过来，幕僚对曾国藩需要绝对的效忠、忠诚。他说：“君子之道，莫大乎以忠诚为天下倡”“以诚感人者，人以诚而应”。是说正人君子要提倡讲忠诚，只要你对大家忠诚，人家才会以忠诚来对待你。

今天，领导者同样渴求“忠诚”之人。忠诚是一个人无形资产中最重要的一部分。香港首富李嘉诚表示，用人要看他的忠诚度和可靠程度、归依企业的程度，希望能够跟企业结合一起的意向有多少，如果这三样东西他都具备，我们企业会给他非常大的机会去任其发展。

案例：

因羊羹而出卖主帅

春秋时期，各诸侯国互相攻伐。公元前607年，郑国攻打宋国，宋国命大将华元为主帅率兵迎战。

决战前夕，华元为了鼓舞士气，特地宰羊做羊羹犒劳将士。将士们喝着羊羹，品着美酒，全营上下一片欢腾。

可是华元却没有让一个人参加宴会，这个人就是给他驾车的车夫羊斟。华元也许是忘记了，也许是觉得羊斟身份低下，没有资格参加，反正是没有让他吃到羊羹，于是，羊斟怒火中烧。

第二天，宋郑两军相遇，双方摆开阵势，互相厮杀起来。就在两军激战正酣的时候，羊斟忽然一甩鞭子，驾着马车风驰电掣般向郑军的营地驶去。车上的华元大惊，对羊斟喊道："你晕头了吗？那边是敌营啊！"羊斟回过脸答道："昨晚你有权不给我羊肉吃，今天我有权让你当俘虏。"就这样，羊斟驾着指挥车径直到了郑军大本营，让华元稀里胡涂当了郑军的俘虏。宋军将士一看自己的主帅都活活地被俘虏了，军心顿时大乱，很快便败下阵来。

羊斟的这件事，被史学家作为以私害公的典型写入史册。因为他把一杯羊羹看得比国家还重要，所以遗臭万年。史书上对他的评价是："以其私憾，败国殄民。"

原文：

谗夫似贤，美言似信，听之者惑，观之者冥。（陆贾《新语》）

译文：

说别人坏话的人貌似贤人，华丽动听的语言似乎可信，这使听者受到迷惑，看者糊涂不清。

解读：

谗毁别人的人总会装出一副大公无私的正人君子的模样，华美不实的语言总让人觉得似乎可信，这使人极容易被迷惑而上当受骗。所以，对一些貌似公正、娓娓动听的话不可轻信，而要保持清醒的头脑。这几句经验总结，可用于警惕谗人和华而不实之言。

相马要把握它的本质特征，相人也应如此。善于知人用人者，都是从人才的本质特征中去考察，而不为一些表面现象所迷惑。

人们常说，知人难，知人心者更难。历史上这样的例子是很多的。

任何一位领导人，轻信失察、用人不当的事，难免发生。看错了人，看走了眼，被假象蒙蔽，作错误决策，把伪君子当正派人，把野心家当接班者，这都是可能的。

要从一个人“当面”与“背后”行为轨迹中，观察和识别其品德、禀性的素养状况。有时“正人君子”，往往“当面是人，背后是鬼”，言行相悖、表面不一,千万不要被他们的假象所迷惑。

案例：

识人勿被假象迷惑

提起北宋末年的权臣蔡京，世人对他的第一印象就是他是个不折不扣的大奸臣。

蔡京善弄权术，专门窥伺人主之意以求固位专宠。蔡京常对皇上说，现今国家钱币多达五千万缗，和足以广乐，富足以备礼，于是铸九鼎，建明堂，修方泽，立道观，做《大晟乐》，制定命宝。大兴土木，加重徭役。两河人民，苦不聊生，而蔡京竟以稷、契、周公、召公自居。又想扩大宫室规模以求恩宠，召童贯等五人，暗示说宫中狭窄简陋。童贯等都听命于他，他们各显神通，争相以堂皇奢侈为得意。

蔡京的儿子们，皆官至大学士。皇上七次到他家，赏赐不计其数。蔡京家的仆役有做大官的，陪嫁的婢女有封为夫人的。

一旦得势，他便假公权对政敌进行狠命打击，其中最恶劣的当为元祐党禁。蔡京将309人入奸党碑传布天下。为了争权夺利，他甚至对自己的弟弟蔡卞、儿子蔡攸也毫不手软。

朝廷中每一次的反蔡风潮掀起，徽宗虽然迫于情势，不得不降黜、外放一下，以抚平民意，但总是很快地官复原职。二十多年里，赵佶四次罢免了他，又四次起用了他。最后，蔡京年已八十，耳背目昏，步履蹒跚，赵佶还倚重这个老糊涂，直到自己退位。

谋求升官的人，聚集在他的门下，只要输钱纳货，就是仆隶也可当官。他培植个人势力，盘根错节，牢不可破。最终导致国家祸乱，虽贬死在道路上，天下人仍以没处死他为千古遗恨。

北宋之亡，固然亡在赵佶手里，也是亡在这个宰相手里。

曾国藩精于识人，据说也被骗了一回。他在与太平天国作战时，一天，他和几位幕僚闲聊，纵论起当世的英雄豪杰。有的说“彭玉麟公威猛，故人不敢欺”，有的说“李鸿章公精敏，自然人不能欺”，曾国藩就让大家谈谈自己，众人一时语塞。忽然，在一旁管理文墨、负责日常抄写的一名后生，小步趋近，躬身细语：曾帅仁德，人不忍欺。此语一出，举座之人无不鼓掌。曾国藩面颊泛红，连称“言过其实”。殊不知，曾国藩向来以“仁德”二字自诩，此言正中他的下怀。后生告退后，幕僚告诉曾氏，此人入过学（秀才），家贫，行事一向谨慎、多思、少言。曾国藩认为此人有大才，不久，派他负责督造船炮。不料数日后手下报告，此人已挟巨款潜逃。曾国藩听后默然良久。曾氏每每都在怵惕着“谀”，却挡不住无形中谀的那种神奇的力量。

原文：

兼听则明，偏信则暗。（司马光《资治通鉴》）

译文：

多方听取意见才能辨明是非得失，若只相信一方的意见，则容易愚昧不明。

解读：

喜欢当面谄媚的人，也喜欢背后诋毁人。不论是讲人好话的还是讲人坏话的，都有其目的性，有其内在的原因，尤其是在上司面前讲的话。领导者身居高位，对下情不可能事事清楚，他需要别人提供情况。领导者为官一任，最可怕的是被蒙蔽而听不到真切的声音。进耳之言，究竟可靠与否，还是需要调查研究的。

关于识人鉴人，清代学者王庭奎有一段很精彩的见解：谦虚是一种美德，但太过谦虚的人可能心有奸诈；沉默是好的品行，但故意不动声色的人可能内藏阴谋。不要认为外表正直的人内心就刚正，对那些看似正人君子实则居心不良的人，要时刻提防他们。

有的人笑脸迎人，心中未必友好；有的人痛哭失声，心中未必悲伤。人的内心常与外表不一，很难看透。给你恰当的批评的人，是你的老师；给你恰当肯定的人，是你的朋友；给你不恰当恭维的人，是你的敌人。讲别人的坏话，并非直爽；帮别人做坏事，并非有义。

古人十分忌讳那些“厚币甘言”的人。甜言蜜语、厚赠钱财的人，往往另有所图：看似友好，实为贿赂，诱使人徇私枉法。这样的人，从古到今一直都存在，不能不防啊！

俗话说，百闻不如一见。就是指耳闻之不如目见之，所以，知人特别强调要讲究知人的艺术，识人知人不能光凭耳朵听，还要用眼睛看。

案例：

偏信奸邪，误人不浅

南北朝梁时，昭明太子的生母丁贵嫔病逝。丁贵嫔葬后，一个道士告诉太子，葬地不利于长子，要想免祸，便需在墓侧长子之位埋下腊鹅及其他物品，太子照着做了。当时太子宫中有两名内监鲍邈之和魏雅，两人原来很受太子信任，后来，鲍邈之因办事不周渐被太子疏远。鲍邈之心中愤恨，便向梁武帝诬告，说魏雅勾结道士，以压魔术咒陛下夭年，以祈太子早登帝位，故此在丁贵嫔墓侧埋下腊鹅等物。梁武帝派人秘密挖掘，果然掘得腊鹅等物。梁武帝非常生气，杀了道士。太子受此不白之冤，又无法辩解，气急交加，一病不起，不久竟驾鹤西去，时年31岁。昭明太子曾编纂过著名的《昭明文选》，一个博学多才、礼贤下士的太子，想不到竟然死于卑鄙小人之手。

梁武帝在位48年，本想做一番事业，晚年时却偏信奸邪小人，导致官场风气败坏。后来，叛将侯景将他囚禁于净居殿，不给其饮食，这位皇帝最终含恨而死。毛泽东认为梁武帝是一个妄自尊大的君主，让小人钻了空子，贤能的辅佐大臣都离他而去，他的败亡一点也不奇怪，是势所必然。

唐玄宗在他统治的后期，变得爱谀恶直、愎谏自贤，特别在用人方面，良莠不分、善恶莫辨。重用奸诈的李林甫和杨国忠，朝政日渐腐败。宰相李林甫，阴险奸诈。747年，玄宗命各地选拔人才，举行考试。著名诗人杜甫、元结等都参加了这次考试。主持考试的李林甫压制人才，竟不录取一人。事后，他反而向玄宗贺喜，说社会上贤能的人都已启用了。

李林甫为相19年，《资治通鉴》总结他的四大奸恶："媚事左右，迎合上意，以固其宠；杜绝言路，掩蔽聪明，以成其奸；妒贤嫉能，排抑胜己，以保其位；屡起大狱，诛逐贵臣，以张其势。"结果，养成天下之乱，而玄宗一直执迷不悟。

原文：

韩公有言："贤者恒无以自存，不贤者志满气得。"盖自古而叹之也。（曾国藩《挺经》）

译文：

韩愈说过："贤德的人经常无法维持自身的生存，无德的人却志得意满，不可一世。"也是自古以来人们对这种情形的叹息呀！

解读：

"贤者恒无以自存，不贤者志满气得。"这句话出自唐代文学家韩愈的《与崔群书》。崔群和韩愈是同一年的进士，关系不错。大概崔群在给韩愈的信里诉了不少苦衷，《与崔群书》先说自己对崔群为人的认识，再发贤者不遇之叹，后讲自己困穷之状。在韩愈看来，崔群是他平生交往之中一个没有缺点的朋友，但是，对于这样的朋友也有人怀疑。于是韩愈十分感叹，由崔群之贤，说到贤者不遇，而不贤者反而得势。

清朝官场，吏治混乱，腐败盛行。那时官以价得，政以贿成，一切用钱说话。官与官之间拉帮结派，互相倾轧。为了筹集财政收入，清统治者竟然决定从中央到地方许多官位，包括军队千总以下军官都可以作为商品买卖。他们甚至还制定公布了价格，例如，嘉庆时一个县官定卖银 5000 两。咸丰时为了吸引更多的人来买，减价至 2000 两。到光绪时更便宜，999 两就可到手。后来竟然还卖学历。宣统末年，仅江宁一府就卖道员三百余员，府、直隶州三百余员，州、县一千四百余员，佐贰杂职二千余员。可见卖官之多，已成灾难。

早在咸丰的时候，像曾国藩这样的优秀人物就该被提拔，可因为种种原因，却让这位“湘军”的创始人一直郁郁不得志。

据说，民间常有曾国藩是“癞龙转世”的说法，让曾国藩屡屡被猜忌。比如1854年湘军攻占武汉后，咸丰帝大喜，说：“不意曾国藩一书生，乃能建此奇功！”他高兴得要任命曾国藩署理湖北巡抚。结果有个大臣插了一句：“曾国藩以侍郎衔在籍丁忧，一个平头百姓能够一呼百应，这恐怕不是国家之福啊。”咸丰皇帝听了，陷入沉思，一言不发。让曾国藩做巡抚的事就不再提起。

案例：

不识佞臣多误国

开元晚期，大唐王朝的盛世达到高峰。但到天宝年间，唐玄宗开始志得意满，安于逸乐，在宰相人选上，先后重用“口蜜腹剑”的李林甫和市井小人杨国忠，轻信藩将安禄山，出现了重大的政治失误。

李林甫对于才能功业在他之上而受到玄宗宠信、威胁到他相位的的官员，一定要想方设法除去，尤其忌恨以文才仕进的。他表面和善，言语动听，却在暗中阴谋陷害，世人都称他是“口有蜜，腹有剑”。

宫中每有御膳珍馐、远方珍味，皇帝便命宦官到他府中赏赐，以致道路相望。当时，李林甫将性格柔弱的陈希烈引荐为宰相。他在家中处理政务，百官都集聚到府前等候召见，而陈希烈虽坐镇政事堂，却无人谒见，也从不敢参预意见，只是在公文上署名而已。

杨国忠接替李林甫后，小人得志，朝政迅速败坏。他专权误国，好大喜功，穷兵黩武，动辄对边境少数民族地区用兵，致使民不聊生。

杨国忠让文部选官不论贤不贤，年头多的就留下来，按照资历有空位子就接官。选官大权由杨国忠一人垄断。从此门下省不再复查选官，侍郎仅仅负责试判，致使选官质量下降。

有一年，关中地区连续发生水灾和严重饥荒。玄宗担心会伤害庄稼，杨国忠便叫人专拿好庄稼给玄宗看，并说：“雨水虽多，并未伤害庄稼。”玄宗信以为真，从此再没有人敢汇报实情。结果，官吏贪渎，政治腐败，民怨沸腾，终于使安禄山发动了以讨杨国忠为名、行夺取皇位之实的叛乱，史称”安史之乱“。伴随着安史之乱的爆发，唐朝的盛世走到了尽头。

原文：

默观天下大局，万难挽回，侍与公之力所能勉者，引用一班正人，培养几个好官，以为种子。（曾国藩《曾国藩日记》）

译文：

静观天下大局，这种不平之事万难挽回，而我们所能够勉力去办的，就是尽量重用一些正人君子，培养几个好官，作为变革时事的种子力量。

解读：

晚清时，朝廷为使官员之间互相牵制，在体制上有意权责不清，统属不明。官员们常常互相推卸责任，或者暗使诡计，陷对方于死地。曾国藩指出的绿营兵的种种恶习，在官场上也同样如此。

曾国藩基于对官员弊端的痛恨，主张“引用一班正人”，以转移风气。他有一段名言，说朝廷上下，几十年来养成不痛不痒、无是无非的混浊风气，让英雄和有作为的人寒心，记那些按步升迁、混日子的人飞扬跋扈。那些富贵已极、整日无所事事的人因为健康如初，久居高位，而那些有所作为的人却沉积下僚，在岁月的磨折中很少能脱颖而出，这是最为慨叹的事呀。为此，他从入仕之初，即上书皇帝，提出转移天下风气在于用人。他率兵出山后，更加意于此。对胡林翼、左宗棠的扶植就是如此。

案例：

曾国藩提倡引用“正人”

曾国藩曾告诫其弟“早早提拔下属”，再三叮嘱：“办大事者以多选替手为第一要义。”咸丰十年以后，清王朝内忧外患，危机重重。曾氏由此更加重视人才的开发，认为，“粤捻内扰，英俄外伺，非得忍辱负重之器数十人，恐难挽回时局也”。他极力提倡引用一班“正人”，培养一些“好种子”，做事业的薪火传人。在曾国藩去世后，这些“正人”和“种子”成为其事业的传人。王安石、张居正等历史上的改革家，逝后都是人亡政息，改革的成果化为乌有。曾国藩也曾进行过激烈的改革，如军制的改革、洋务运动、整顿吏治等，这些改革在他去世后，因为后继有人，都得到了相当的发展，他的一些思想更是被后继的人，如李鸿章等发扬光大，对中国近代的发展产生的深远的影响。

曾国藩指出，人才有变化的途径，有培养的方法，有考察的措施。人才是需要培养锻炼的，不可以眼光太高，不要动不动就说没有人才可用。

有很多人往往抱怨人才匮乏，却忽略了人才并不是天生的这个道理。曾国藩认为首先要相信人才是需要培育锻炼而成的，继而运用适当的方法识别、考察人才，使之能脱颖而出。这一点对于我们有很深远的借鉴意义。

曾国藩一生以培养人才作为自己的乐趣，他说君子有三乐，第一乐就是拿一本书高声朗诵，声音清脆，令我心里非常高兴。第二乐就是鼓励别人使得别人每一天都在进步。第三乐就是勤劳，辛苦一天后躺在床上感觉很快乐。

曾国藩培养人才的办法约有三条：课读、历练、言传身教。

曾国藩每次吃饭都同幕僚们同桌，然后就是谈古论今、战略战术。一方面是展示自己诸方面的才华，好让下属会意；另一方面则是有意训导他们，指出不足，扬其所长。

曾国藩要求所有部属、僚友按其专业方向读书学习，而对自己身边的幕僚则抓得尤紧。如进驻安庆之后，他就对身边幕僚进行定期考试，每月两次，亲出题目，亲阅试卷，评定等次。

对于在外地的幕僚，曾国藩则主要采取个别谈话和通信、指示的形式，结合实际工作进行教育。如李榕在太湖城外带兵期间，李鸿章在主持江西赣州厘金局期间，曾国藩都连连写信，循循善诱加以引导。

卷八

用材

原文：

水至清则无鱼，人至察则无徒。（戴德《大戴礼记》）

译文：

水太清澈，就没有鱼还能生存下去；人太精明而过分苛察，就不能容人，就没有伙伴、朋友。

解读：

聪明而深察，并不是过错，又有哪个能人是可以随便被人蒙蔽的呢？但是如果自恃其能，因为能察见别人的不足、隐私、缺陷，而去宣扬并讥讽别人，这就是过错了。

人不能太过精明，过于精明的人，人人在你面前无所遁形，就不会有人肯接近、亲近了。

制定的规矩太过精细，就会让人完全失去存身的个人空间而难以成长。故“人至察则无徒”。

求全责备历来会打击英才。曾国藩早就对这种社会风气深恶痛嫉，深知这不过是培植庸才、摧折杰士的毒雾。1850年他便上书皇帝，指出朝中大臣：“大率以畏葸为慎，以柔靡为恭……习俗相沿，但求苟安无过，不求振作有为，将来一有艰巨，国家必有乏才之患。”三年后，他又痛心疾首地说：“二三十年来，士大夫习于优容苟安，揄修袂而养口步，昌为一种不黑不白、不痛不痒之风，见有慷慨以鸣不平者，则相与议其后，以为是不更事，轻浅而好自见。国藩昔厕六曹，目击此等风味，盖已痛恨次骨。”

曾国藩认为对人才不能求全责备，而要多鼓励扶助。他说：“衡人亦不可眼界过高。人才靠奖励而出。大凡中等之才，奖励鼓励，便可望成大器；若一味贬斥不用，则慢慢地就会坠为朽庸。”

宽阔的胸襟是一个人成事的基础。曾国藩在人生的三十六字诀中讲到一个“恕”字，称“恕”为立身之本，立德之基。“恕”，是以爱己之心爱人，是宽以待人，不求全责备。

他曾说：“容得别人短处，才是豪杰举动。”人无完人，谁都可能做错一些事，或者天生就有某些短处。倘若苛刻要求，恐怕无人可以成为朋友，也无人可以为己所用。“水至清则无鱼，人至察则无徒”。

用人，关键是应有正确的选拔人才的标准，不要令不世奇才因小疵而见弃。平庸者往往面面俱到，而奇材大器则个性鲜明，瑕瑜互见；这是屡见不鲜的现象。

案例：

勿求全责备

唐太宗要求封德彝推荐有德行的人才，很长时间不见他推举一人。太宗责怪下来，封德彝回答说：“不是我没有尽到责任，如今实在是很难发现特别有能力的人才呀！”太宗说：“君子用人如同使用器物那样，是使用各自的长处。古代能治理国家繁荣富强的君主，岂是借用了上几代的人才吗？问题在于我们没有发现人才的本领，怎么可以冤枉当今整整一代人呢？”

曾国藩从来都不相信有所谓的“全才”。他认为，书上所说的“百长并集、一短难容”的完人，只是后人的追崇之词罢了，领导者在选拔人才时切勿上当。事实上，曾国藩自己就是一个有所长有所短的人。比如统领将佐规划战略上他很在行，但要让他带兵亲自参加一场战斗，他就会吃败仗。

他在给朋友的信中说：大约上等的贤哲，只能靠天缘才能遇到。中等人才，则可以以人力求得。阁下眼界太高，将来恐怕没有一个能够为你所用的人才。降低取才的标准，获取的人才也就一天比一天多了。

早在湘军创立之初，曾国藩就十分重视人才的遴选，他认为：行军用兵，以得人为第一要义。曾国藩选才不求全责备，只要有一技之长、一节之用，不论年限资历，均在录用之列。

曾国藩识人育人的两杆标尺是才与德。在选拔人才时，注重既有才又有德之人。当才与德不可兼得时，曾国藩认为不求全责备，“二者既不可兼，与其无德而近乎于小人，毋宁无才而近于愚人。自修之方，观人之术，皆以此为衡可矣。”在德才不可兼顾时，他认为要不拘一格择用人才，评判人才的关键在于不求苛细。一个人，只要有一个特长，就可以用之了；用人者最应避免的是，由于有一点小毛病而将有用之才弃而不用。

原文：

不以一眚掩大德。（左丘明《左传》）

译文：

评价一个人时，不能因为一点过失就抹杀他的德行。

解读：

度量者，容人之量也。一个人度量越大，“大度能容天下难容之事”，则其见识越高，涵养越好，他能够不被一时的矛盾所蒙蔽，不被些许的利益所束缚，看到长远，把握全局。

用人难，容才更难。一个人成事大小的关键，主要就看他的心胸狭隘还是广大。器量小，不容人，众叛亲离，孤家寡人难以成大业；器量大，能容人，可化敌为友，招纳天下贤明之士为自己所用，事业便会蒸蒸日上。

一般情况下，待人接物，如果见到他人不对的地方，大都极端愤怒激慨，如果能设身处地替对方想想，就会心平气和，忠恕实为达到仁之境界的捷径，所以曾国藩强调，一定要“从恕字痛下功夫”。

许多情况下，一个心胸狭窄的领导所耿耿于怀的往往不是人才的缺点，而且人才的特点。那种嫉贤妒能，“武大郎开店”，容不下高于自己的人，看似是无容才之量，实质是无爱才之心。

案例：

要有容人的度量

春秋时的楚庄王曾庆功大宴群臣，让爱妾许姬为大臣们敬酒，忽然风吹灯灭，暗中有人拉着许姬衣袖调情。许姬顺手扯下他的帽缨，并请求庄王掌灯后查处。庄王命众将都摘下帽缨后，才下令点灯。许姬不理解，庄王认为酒后失态，人常有之，倘若治罪，必伤将士之心。

后来吴国兴兵攻打楚国，有一个人在战斗中常打头阵，五次冲锋打退敌人，取到敌方将军的头献给楚王。楚王感到奇怪而问他道："我对你并没有什么特殊的恩宠，你为何对我这么好呢？"回答说："我就是早先在殿上被揪下帽缨的那个人啊。当时就应该受刑而死，至今负罪已经很久了，没能对大王有所报效。现在有幸能做一个臣子理应做的事，并且可以为您战胜吴国而使楚国强大。"

曹操用人的一大特点是大度用人、容人之错。官渡之战中，曹操一举打败了袁绍。打扫战场时，曹军从袁绍的案卷中拣出一束书信，都是曹营里的人暗中写给袁绍的投降书信。有人向曹操建议，要严肃追查此事。曹操却认为，当时袁绍强盛，自己都担心能不能自保，何况别人呢？于是，他下令把这些密信全都付之一炬。于是，那些怀有过二心的人便全都放心了，并对曹操无比感激，军心稳定，使处于弱势的曹操集团迅速巩固了胜利的战局。

曾国藩最强的本领是去容不容之人，不让他们在关键时刻坏自己的事。他首先就能容得下目中无人的左宗棠，左先后得罪了很多人，而曾国藩却执意栽培他，要兵给兵，要饷给饷，使他有机会从浙江、福建一直打到甘肃、新疆，最终成为一代名臣。左宗棠最后也是充分地回报他了：保障安徽，清除浙江，给了曾氏很大的帮助；曾国藩几次危难，都是有赖于左宗棠的相助。

其麾下的塔齐布、鲍超，都是没什么学识的莽汉，但因为"忠勇"，仍为曾国藩赏识。鲍超因家贫从军，不识文墨，但作战勇敢，带兵有方，曾国藩很喜欢他。有一次，鲍超孤军被困九江，将派人向曾国藩求救，叫文书写信，多时没有送来。鲍超心急，立即握着毛笔，大书一"鲍"字，四周作无数小圈围绕着，急急封函，派人送去。曾国藩幕府中的人不解其意，就给曾国藩看，曾国藩大笑之后，连忙派出援军。

原文：

教战之令，短者持矛戟，长者持弓弩，强者持旌旗，勇者持金鼓，弱者给厮养，智者为谋主。(吴起《吴子兵法》)

译文：

教战的法则，身体矮的拿矛戟，身体高的用弓弩，强壮的扛大旗，勇敢的操金鼓，体弱的担任饲养，聪明的出谋划策。

解读：

俗谚说，好瓦匠没有用不了的砖。人有刚柔，才能自然也有长短。要想有效地识别和使用人才，必须把握用人的要诀——“扬长避短”。

用人之道，贵在不拘一格，用我所用不计其他，才能人尽其才，发挥最大的效用。寓言《西邻五子》，说的是西邻公对自己的五个孩子，因人而异，安排不同的工作：让朴实无华的务农，机智敏捷的去经商，瞎眼的卜卦算命，驼背的搓麻，跛脚的纺纱。如此安排，可以说是“人尽其才”之典范。

三国时的孙权用人成功的秘诀之一，在于他教育部下的独到方法：“贵其所长，忘其所短。”这里的“忘”不是普通的忘记，而是明知道人的短处，却不去指点他，即使指点，也不要当面指责，应当选择适当的时机提出来。当然，不是一味地、无原则地放纵人才的缺点，也不是无视人才的品德，关键要把握一个“度”。

美国的钢铁工业之父卡内基的墓志铭说得最为透彻：“这里躺着的人，知道选用比自己能力更强的人来为他工作。”一位管理者如果仅能见人之短而不能识人之长，因而刻意避其所短，而非着眼于发挥其所长，他本身就是一位弱者。

案例：

扬长避短用人才

战国时的军事家吴起善于量才用人，使人尽其才："短者持矛戟，长者持弓弩，强者持旌旗，勇者持金鼓，弱者给厮样，智者为谋主。"唐太宗即位不久，让宰相封德彝选拔人才，好久不见动静。太宗问及其事，封德彝辩解说，非不尽心，未见奇才异能，太宗明确指出，对有用之才，不可求全责备，"使人如器"，即根据人才的情况来使用。

清代有一位名叫杨时斋的将军，他深谙此道并应用于选才用人，使军中无废才。他让聋子当侍者，让哑巴送密信，让瞎子伏地听，让瘸子守炮座，这一切收到了奇效。

曾国藩培养接班人的标准是：发现优秀人才，用人所长加以重点长期培养。因势利导，四处开花。左宗棠生性狂傲，见谁损谁。与人写信，不署自家姓名，只署"小亮"，自以为是诸葛亮，但曾国藩看中了左宗棠的才气，使左有机会发展，从平头百姓做到了闽浙总督。

在传统的中国文化里，并不鼓励门生与属下自立门户，甚至于超越尊长，但是曾国藩在湘军规模日益庞大（总数近30万人）的时候，开始鼓励湘军将领"内部创业"，独立发展，一起把局面做大。李鸿章最初是曾府里的普通幕僚，但他眼光敏锐，见事深刻，于是曾国藩将其纳入重点培养对象。当李鸿章向曾国藩提出赴上海、操练淮军的构想的时候，曾国藩并没有阻止他，还亲扶李鸿章上马，这让李鸿章终身难忘恩师情谊。而在李鸿章招募淮军之后，曾国藩还亲临祝贺，并且调拨八营（约4000人）的湘军，让李鸿章亲自来指挥。

曾国藩自己成功，也让别人成功，建立起绵密的人脉网络。清末18个行省中有13个省的主官出于湘军将领。

原文：

役其所长，则事无废功；避其所短，则世无弃材。（葛洪《抱朴子》）

译文：

使用事物的长处，那么任何东西都不会废弃功用；避开事物的短处，那么世上就没有被废弃的材料。

解读：

成在用人，败在用人。识人用人与决策一样成为有效领导者的重要职责。

每个人都有自己的长短处，所以做起事情来也不是尽善尽美的。作为管理者，要懂得将属下放在擅长的地方。如果一个人立了十次功而犯了一次错误，就将之前的十次功劳全给否定了，那就是留不住人的。

唐朝的柳宗元曾经作过一篇《梓人传》：有一位木匠，不肯去做斧砍锯刨这一类手艺活计，却专门用长尺、圆规、方尺、墨斗审度各种木料的用场，检视房屋的规制，观察高度、方圆、长短是否合度，指挥着众多的木工，各自去干自己的活计，对不能将任务承担起来的人，便将他们辞退。一座大型的房屋建成后，唯独以他的名字记载事功，得到的酬金是一般木工的三倍。这也正像担当天下宰相的人们，设立大纲要领，整饬法令制度，选择天下的人士，使他们的才干与自己的职务相称；让天下的人们居住下来，使他们安心从事自己的职业。提升有能力的人们，屏退没有能力的人们。

具有雄材大略的康熙皇帝说过，“知人难，用人不易。致治之道，实关于此。”使用人才是用人之道的重要环节。如何实现善于任用，古人提出了如下诸多的用人原则。

案例:

外举不避仇，内举不避子

祁奚，字黄羊，是春秋时期晋国人。他为人正直，不徇私情，晋悼公任命他为中军尉。

平时掌管军政，把军队治理得井井有条，作战时，他兼任主将的御者，冲锋陷阵，视死如归。

晋悼公曾经问祁黄羊:“南阳地方没有郡令，谁适合去补这个缺？”祁黄羊回答:“解狐适宜。”悼公说:“解狐不是你的仇人吗？”他回答:“您问的是谁适宜，并不是问的谁是我的仇人呀。”悼公说:“很好。”依着他任命了解狐。人人都说好。

隔了一些时候，悼公又问祁黄羊:“国家缺少了法官，谁适宜担任这个工作？”他回答:“祁午适宜。”悼公说:“祁午不就是你的儿子吗？”他回答:“您问的是谁适宜，并不是问的谁是我的儿子呀。”悼公说:“很对。”又依着他任命了祁午。人人都称赞。

孔子听到了这些事，说:“真好啊，祁黄羊提的建议！推荐外人不排除仇人，推荐自己人不回避儿子，祁黄羊可以说是大公无私了。”

原文：

无偷赏，无赦罚。（韩非《韩非子》）

译文：

英明的领导者不会随意施以赏赐，也不会赦免本应处罚之人。

解读：

《晏子春秋》里说："喜乐无羡赏，愤怒无羡刑。"不能因为一时喜怒就滥施奖赏、滥用刑罚，而是要控制好自己的情绪，做到赏罚分明。只可惜在君主专制时代，奸臣常因巧言令色而博得帝王喜乐，受到"羡赏"；忠臣却每因犯颜直谏而惹得帝王盛怒，受到"羡刑"。

曾国藩的驭人之道非常成功，其中最主要的一点就是赏罚分明。

赏罚分明是御人的重要原则。人生在世，当柔则柔，当刚则刚。只有柔不能成事、只有刚也不能立威。自古以来，凡有作为的明君贤臣，对赏罚分明都极为看重。三国时，曹操把赏罚分明放在了治国兴邦的重要位置上。诸葛亮则更把赏罚分明具体化，而且身体力行，在长期的治政用兵中，力使赏罚分明。

人人都提赏罚分明，但真正做到赏罚分明并不容易。因为人是有感情的动物，有的时候，感情会遮蔽我们判断问题的标准，常常犯一种错误——"爱之欲其生，恶之欲其死"。

案例:

对人才赏罚分明

曾国藩用人，是力求做到赏罚分明的。

曾国藩说:“人才靠奖励而得，大凡中等之才，将帅鼓励便可成大气，若一味贬斥不用，则慢慢就会坠为朽庸。”因而每次胜仗后，曾国藩总要向朝廷保举一批有功将官。此外，他还经常为阵亡将士举办隆重的祭奠仪式，以此鼓励将士用命。曾国藩根据将兵多少规定将领们的薪水，招募士兵越多薪水越高，带兵3000人的每月390两银子，5000人的每月520两银子，万人以上的每月650两银子，调动了将领招兵买马的积极性。

满族名将塔齐布在湘潭之战中立下大功被提拔为提督，湘军攻克武汉后，有功之臣纷纷得到提拔：李孟群由广西升用道擢为按察使，罗泽南由候选知府擢为道员，李续宾由候选知县擢为直隶州等等。

相反，对作战不力、畏缩不前、不能服众的将领，曾国藩严加惩处，毫不留情。曾国藩的四个弟弟都曾跟随他打仗，曾国藩因曾国潢、曾国葆才能不足以统兵，先后将两位弟弟裁撤回家，并不顾及兄弟情谊；对湘军岳州溃败时不做抵抗的兵营，全部予以裁撤，不再任用，提升了湘军的战斗力。

有一回，当湘军打了胜仗之后，曾国藩为湘军将领向朝廷申请封赏后，觉得自己个人也该表示感谢。曾国藩苦思了一天，决定命令属下打造一百把精美腰刀，在刀面上刻着“涤生（曾国藩的号）曾国藩赠”，每一把腰刀都有专属的编号。考虑再三，决定只颁发50把腰刀，以彰显建首功军官的身价。曾国藩安排了一个隆重的授刀典礼，在操场集合了将近400位的湘军军官。编号第一号的腰刀颁给了水路提督塔齐布，陆续又颁发了49把腰刀。从此，曾国藩所赠的腰刀，成为湘军重要的奖励象征，每个人在战场上都能奋勇杀敌，争取殊荣。

李元度是曾国藩所谓的劳苦功高之将，曾国藩自称和李元度情谊之厚，始终不渝。在过去的几个大仗中，如靖港、九江之战等等，即使屡战屡败，李元度也一直陪伴在他的身边。这样的一员爱将，在他丢失徽州以后，仍被曾国藩弹劾而去职。

1860年，太平军攻徽州。徽州是祁门老营的一个门户，曾国藩觉得必须派可信之人去驻守。李元度是最合适的。因其擅长文学，不精于兵，曾国藩恐其有失，特与其约法五章曰：戒自私。一再告诫定要守住徽州，不得轻易接仗。然而，当太平军李世贤部来攻时，李元度却违反曾国藩“坚壁固守”的指令，出城接仗，结果一败涂地，将徽州丢失。曾国藩悔恨交加，为严肃军纪，决定具疏劾之。一班文武参佐群起反对，有人甚至指责他悖离恩义，有失恢宏。李鸿章也“率一幕人往争”，最后居然跟老师说，如果你真的弹劾了李元度，那谁还会跟着你在祁门作战呢，连我也想走。但曾国藩仍不为所动。这一事件传出后，众将为之凛然，益知军法无情，不容苟且。

原文：

善战者，求之于势，不责于人，故能择人而任势。任势者，其战人也，如转木石。（孙武《孙子兵法》）

译文：

善战者追求形成有利的“势”，而不是苛求士兵，因而能选择人才去适应和利用已形成的“势”。善于创造有利“势”的将领，指挥部队作战就像转动木头和石头。

解读：

《孙子兵法》指出，善于作战的人，求作战的有利势态，不苛求下属，重要的是选择合适的人才去利用这种有利势态，造就一个把圆木从高山上滚下那样的不可抵抗的势来。可见，造就新的有利势态就是要选择对人。

将帅的根本职责不在于冲锋陷阵，更不是命令士兵死打硬拼，而在于运筹帷幄，通过调兵遣将，造成一种有利的作战态势，出奇制胜地打击敌人，即所谓“择人而任势”，这是孙武对将帅职能的最佳概括。

择人任势是就军事度提出这个命题的。其实，企业经营管理也要讲择人任势。这不是现代人才有的认识，古人早在2000多年前就作如此认识，比如范蠡。据《史记•货殖列传》说：范蠡就说过：“吾治生者，能择人而任时。”值得注意的是，范蠡的观点与孙武的观点是何等一致。这也不奇怪，范蠡本来就是一位军事家，是后来弃戎从商的。于是把他原来熟识的军事上战略战术做法，兵法的语言也搬用到商业经营中来了。

案例：

曹操孙权善识人才

公元215年，吴、魏两国在合肥境内的逍遥津展开了一场激战。孙权亲自率领十万大军进攻合肥，而曹操当时正率军出征张鲁，并未在合肥城，只留了张辽、李典、乐进三大将还有护军薛悌等总共七千人马在城内。

曹操出征前给了护军薛悌一封信，信上还注明等吴军来攻打时再拆开。吴军攻城在即，薛悌等人立马拆信来看，只见上面寥寥数字：若孙权至，张、李将军出战，乐将军守城。

开密函后，张辽坚决执行曹操以攻为守的指令，提出自己亲自出击，“决一死战”。李典起初沉默，后被张辽的行为所感动，表示“愿听指挥”，放弃私怨，而乐进对张辽、李典都不敢得罪，并有点怯战的思想，自然乐于守护军营。

张辽是曹军营中少有的猛将，为人忠义，但是当初张辽曾是吕布的部下，在徐州时，和刘备阵营中的人关系甚好，甚至当年曹操俘获张辽，张辽对曹操破口大骂时，关羽还帮张辽说情，所以张辽不适合去对阵刘备阵营，故此防守合肥，对决孙权，实在是非常合适。

李典和张辽关系不睦，当初张辽手下曾杀害族叔，加上张辽的降将身份，曹操故意让他和张辽搭档，防止张辽投降，没有人制衡，毕竟合肥位置重要，所以需要委派一名与张辽不对付的武将前往制衡。

若是张辽和李典之间发生什么争执，乐进便能够及时出面协调，同时因为乐进作战勇猛，合肥需要一名悍将协同镇守。

由于张辽的积极主动，使三人之间由“素皆不睦”，变成了团结对敌。这件事充分体现了曹操“仁者用其仁，智者用其智”的用人之所长。

三国时东吴的国君孙权善识人才，如慧眼识周瑜、用“凡品”鲁肃、拔吕蒙于行伍、宠遇陆逊等。

孙权割据江东，除了地理优势，就是人才的优势，始终有一批文武人才衷心辅佐他。这一点，为曹魏出使江东的使者观察到，诸葛亮在蜀汉也多次提到这一点。治国理政，人才终究是第一位的。孙权用人最大的特点是，不求全责备，人尽其用。

孙权曾经评论过吴国的三个重要人才，周瑜、鲁肃和吕蒙。对于周瑜，他肯定其胆略过人，赤壁之战，开拓荆州，建立伟业。对于鲁肃，他肯定其见识超群。

但是，孙权说鲁肃也有错失，认为鲁肃力主借荆州给刘备的事，是其明显失误；当刘备不愿意归还荆州之时，鲁肃向关羽讨要不成，说关羽没有什么了不起，这是鲁肃“内不能办，外为大言耳”！但是，孙权说，瑕不掩瑜，我并不苛责于他。孙权还赞赏鲁肃带兵，军令严肃，路不拾遗，有完美的法令制度。

对于吕蒙，孙权赞赏他不仅果敢有胆，而且是“学问开益，筹略奇至”。

孙权有三次拜将，第一次拜周瑜，赤壁一战击败曹操八十万军队，奠定了三国鼎立的局面；第二次拜吕蒙，击败了神话般的人物关羽，收回荆襄九郡，使东吴属地扩大了一倍；第三次拜陆逊，彻底打垮了来势汹汹的刘备，使一代英雄一蹶不振。这三人除了周瑜外，其余两人并无大名，特别是吕蒙，他出身“贫贱”，读书极少，就这么一个人在孙权手下却是“勇而有谋，断识军计”，可见孙权在用人上确实有自己的一套。

曾国藩幕下有个叫罗伯宜的书生，既不会作文章，又不能出点子，但写得一手小正楷字，且一天能抄写一万两千字，并从未抄错一个字。曾国藩便留他专门抄奏折和公文，每个月给三十两银子的薪水，跟其他足智多谋的幕僚差不多。有人不服，曾国藩解释说，用人如用器，罗伯宜抄字一人能顶二三人，我当然要重用他。

老湘营是湘军的一支骨干，其统领张运兰并不具备独当一面的大将之才。但曾国藩认为张运兰有心向学，敢于任事，这便可取。能如此，即使是中才，也可以做出大事来。因此，让他统率一万余人的老湘营。张运兰也没有辜负曾国藩的厚望，打了不少胜仗。

萧启江人称萧聋子，智商平平，耳朵又不灵敏，但他厚实可靠，勤劳俭朴，曾国藩也十分青睐，提拔他当了营官。后来萧聋子也打了不少小胜仗。

可见，任贤用能，选对人方能做对事。

原文：

刑以惩恶，赏以酬功。刑赏者，天下之刑赏，非陛下之刑赏，岂得以喜怒专之？（毕沅等《续资治通鉴》）

译文：

刑罚是用来惩处邪恶的，奖赏是用来酬谢功劳的。这是从古至今一贯的道理。况且刑赏是国家的刑赏，不是陛下一个人的刑赏，怎么能凭您个人的喜怒，独断专行呢？

解读：

这句话出自宋代宰相赵普之口。他想要推荐一个皇帝不喜欢的人，屡次进谏而皇帝不同意，并且说："朕不予迁官，将奈何？"（我就是不给他升官，你能怎么样？）赵普说：刑罚是用来惩罚有罪之人的，赏赐是用来酬报有功之臣的。惩处赏赐是国家的惩处赏赐，不是陛下以人的惩处赏赐，难道能够因为个人的喜怒而独断吗？

人皆有好恶之分，不仅是对待事物，对待他人也一样。领导干部如果被自己的好恶所左右，凭借个人感觉去挑选人才，就容易被个人情绪影响，被表面现象所迷惑，往往会出现用人不当、用人失误。

唐代的武三思曾言："凡与我为善者即为善人；与我为恶者即为恶人。"凭个人好恶用人，其主要原因在于私心作祟，其结果就是不能坚持公道正派、任人唯贤的原则。有的人喜欢听恭维话，把善于逢迎的人当成人才；有的人热衷于搞小圈子，对气味相投的人欣赏；有的人看重个人恩怨，凡对自己有恩惠的，则想方设法予以重用；有的人习惯于职场旧规矩，偏看于“顺心”“顺耳”的人。

管理者在识别人才时，必须抛开自己的爱好与志趣，以整体利益为重，不讲“人情”，不重“感情”，不报“恩情”，要忍痛舍弃那些自己“喜爱”的奴才、媚才，果断发掘那些令自己“讨厌”的高才、雄才。只有这样，才能避免漏选掉大批有用之才。

案例：

以好恶心用人

刘邦得天下后，先封了张良、萧何、曹参等功臣，但还有很多功臣没有封赏。一天，刘邦和张良在宫殿里远远地看到一群人，坐在地上窃窃私语。张良告诉刘邦，论功行赏，他只封了几个喜爱的人，所杀的尽是不喜欢的。这些人害怕皇帝不能够全部封赏他们，又怕因从前的过失而招致杀身之祸，所以他们在议论谋反。刘邦急忙问该怎么办，张良问他一生最恨何人，刘邦说是雍齿。雍齿是刘邦亲自委任的第一任丰县县令，然而他却反叛刘邦而降魏，刘邦非常痛恨。张良建议先封雍齿为王，于是，高祖马上设宴，封雍齿为什邡侯。群臣很高兴：连雍齿都被封了侯，我们就不必担心了。张良奏封雍齿，不但纠正了汉高祖用人唯亲、循私行赏的偏向，而且轻易平息了一场轩然大波，稳定了大局。

汉武帝有一次到郎署去视察工作，见到一位老者颜驷，衣服破烂，两鬓花白，步履蹒跚。汉武帝很惊讶，就问他这样大年纪怎么还是个郎官？颜驷回答：文帝喜欢文人而我好武，景帝喜欢老人而我那时还年轻，而您喜欢青年我却已老了，所以，我虽然三朝为官却始终未能得到提拔。武帝听了很有感触，当即提升他，以谢他的一番直言。以自己的好恶心用人，就可能埋没人才、荒废人才。

唐朝玄宗、文宗都爱斗鸡，以致斗鸡之风日盛。玄宗不惜耗费人力物力，下令专门建造饲养斗鸡的“鸡坊”，搜集雄鸡数千只。一个叫贾吕的贫苦儿童，因善于驯养斗鸡而深得帝王宠爱，时人称其为“种童鸡”，因驯鸡而扬名，令时人感叹“生儿不用识文字，斗鸡走马胜读书”。

有一次，赵普向宋太祖推荐一个人做官。接连两天，宋太祖都没有同意。

第三天赵普上朝的时候，又送上奏章，坚持要求宋太祖同意他的推荐，这下可触怒了宋太祖。宋太祖把奏章撕成两半，扔在地上。赵普趴在地上，不慌不忙地把扯碎的奏章拾起来，放在袖子里。退朝回家以后，赵普把扯碎的奏章粘接起来，过了几天，又带着它上朝交给宋太祖，宋太祖见赵普态度这样坚决，只好接受了他的意见。

又有一次，赵普要提拔一名官员，宋太祖不批准。赵普就像前次一样坚持自己意见。宋太祖说："我就是不准，你能怎么样？"赵普说："提拔人才，都是为国家着想，陛下怎能凭个人的好恶专断！"宋太祖听了，气得脸色变白，一甩袖就往内宫走。赵普紧紧跟在后面。宋太祖进了内宫，赵普站在宫门外不走。宫门前的卫士见宰相站在门口不走，只好向宋太祖回报。这时候宋太祖气已经平了，就叫太监通知他，说皇上已经同意他的请求，叫他回家。

原文：

天下无现成之人才，亦无生知之卓识，大抵皆由勉强磨炼而出耳。（曾国藩《挺经》）

译文：

天底下从来没有现成的人才，也不存在生来就具有的卓越见识，这两者大概都是通过艰苦的磨炼而成的。

解读：

曾国藩是一名理学家，他非常相信意志的作用。他生在一个“天下大乱，人怀苟且之心”的时代里，能自己把握住自己已经是很困难的，要进一步挽回大局，就更需要有超出常人的意志。曾国藩很明白这一点，他也非常渴望能够通过艰苦的磨难和逆境的洗礼，来淬炼出一种百折不挠的精神。他说：古代的贤人，在困苦忧患之际，正是道德功业突发猛进的时候。其大处在于胸怀坦荡，其小处在于身体健康。圣贤之所以为圣贤，佛家之所以成佛，关键都在于遭到过大的磨难。

正因为如此，曾国藩虽然屡遭挫折，但他都将挫折看成是磨砺自己的机会。关于人才的培养，他认为“大抵皆由勉强磨炼而来……诚能考信于载籍，问途于已经，苦思以求其通，躬行以试其效，勉之又勉，则识可渐通，才亦渐立。”意思就是通过各种磨炼，通过学习、阅历、思考、实践，努力又努力，平常之人即可成长为人才。品鉴人才是一门大学问，这方面的书籍也非常多，而曾国藩所著的《冰鉴》是经典之作。传说，他会见新人时，总要一言不发地盯着对方仔细观察，通过其面貌神态，进行一番初步评定。这种相面选才的方式，对今天的管理者用人也有一定的启发。

案例：

人才皆从磨炼中来

曾国藩经常以亲身经历，来说明人才皆从磨炼中来的道理：我平生吃了几次大亏。第一次是我做秀才的时候，学台公开指责我写的文章文理不通；第二次是我做翰林的时候，在给皇上讲课的时候，画了一个图十分丑陋，王公大臣们没有一个人不笑话我的；第三次是我初出带兵的时候，在岳州、靖港战败后，全省官绅没有一个看得起我的；第四次是九江战败，我厚着脸皮走入江西，又弹劾了江西的巡抚、按察使，结果当我被围困在南昌，全省的官绅人人都喜笑颜开。

尤其是被困在南昌的时候，他曾经多次自杀。一次是在靖港之役，这是曾氏出师不久，湘军训练不足的结果。原本颇有大志的他，目睹湘军惨败，欲投水自杀，被人阻止；一次是在湖口一役，曾氏坐镇指挥湘军水师，被罗大纲偷袭，座船都被太平军夺去，情势十分恶劣，不得已跳进了冰冷的江水，幸被部下救起；还有一次就是在祁门困守之时，料知不能免于死，立下遗嘱，准备随时自杀，好在当时围困祁门的李秀成胆小，自行撤退，才又躲过了一场劫难。

虽然经历了这么多的磨难和挫折，但曾国藩还是打败了太平军，成了同治中兴的第一名臣。

原文：

应战时，虽他营不愿而我营亦必接战；不应战时，虽他营催促，我亦且持重不进。若彼此皆牵率出队，视用兵为应酬之文，则不复能出奇制胜矣。（曾国藩《挺经》）

译文：

应该作战时，即使别的营垒不愿出战，我的营垒也必须接战开火；不应该作战时，即使别的营催促，我也要坚持稳重不轻易进兵。如果彼此都牵制关联勉强出兵，把用兵看作写应酬文章，那么就再不能出奇制胜了。

解读：

曾国藩认为，打仗时该勇猛时，就全力死战；该持重时，就保持沉稳谨慎，决不轻率出兵。他在统领湘军与太平军进行长达整整十二年的作战中，不仅水陆湘军从最初常吃败仗而使他多次差点丧命的一万七千多人，扩充到能征善战、大获全胜而使他成为杰出统帅的数十万人，而且在战略战术上形成了一整套克敌致胜、高人一筹并独成体系的湘军兵法。

对于带兵的武将，曾国藩有着自己的四条标准。

才堪治兵。治军要公正、严明、勤劳。不公正，士兵不会心悦诚服；不严明，士兵不会有所顾忌；不勤劳，军中大小事务都会被荒废。

不怕死。曾国藩立定志向，“不要钱，不怕死”。不怕死，作战时才能身先士卒，冲锋陷阵，这样士兵才会舍生忘死，一往无前。

不汲汲名利。为名利而来的人，提拔得稍迟一点就怨恨不已，遇到一点不如意的事就怨气冲天；他们与同僚争薪水，与士兵争毫厘。小肚鸡肠，做不得大事。

要耐受辛苦，受得冷嘲热讽，身体不好的不能用，身体不好的人精神越用越散。

案例：

如何鉴别、选择将领

“应战时，虽他营不愿而我营亦必接战”，项羽就是一个范例。

秦朝末年，大将章邯领兵攻打赵国，赵国大败，逃到巨鹿（今河北平乡县）死守。赵王派人向各国求救。前来救赵的各国军队，在离巨鹿城很远的地方修筑十多个营垒，他们按兵不动，悄悄观望形势发展，没有一个敢出来和秦军作战。为了解救赵国，项羽率领楚军，渡过漳河，赶到巨鹿。楚军与秦军展开了激烈的搏斗，项羽挥戈跃马，带头冲入敌阵。楚军将士以一当十，杀得秦兵血流成河。各国将士都站在自己的营垒上观看，个个惊得目瞪口呆。

巨鹿之战，项羽消灭了秦军的主力，章邯被迫投降。各国军队的主将一齐来拜见项羽，表示愿意服从项羽指挥。项羽从此威震天下，成为统帅各国军队的上将军。

晚清曾国藩一生善打愚战、笨战，不善打巧战。他打仗不贪小利，不求奇谋，踏踏实实，稳扎稳打。他说，“打仗要打个稳字。”他一生不打无准备、无把握之仗。他花极大的心血去研究敌我双方情况，战斗部署、后勤供应、出现不利情况如何救援等等，直到每个环节都算到了、算透了，才下定打仗的决心。可见，曾国藩表面上看起来笨拙，实则精明，务实稳健。

说起如何鉴别、选择将领，曾国藩道出了四个标准：“带勇之人第一要才堪治民；第二要不怕死；第三要不急名利；第四要耐受辛苦。四者似过于求备，而苟缺其一，则万不可以带勇。带勇须智深勇沉之士，文经武纬之才。”除了这些标准之外，曾国藩额外还有一个特殊的标准，这就是不用话多之人。他说：“将领之浮滑者，一遇危险之聚，其神情之飞动，足以摇动军心，其言语之圆滑，足以淆乱是非，故湘军历来不喜善说话之将。”

原文：

古之君子之所以尽其心、养其性者，不可得而见；其修身、齐家、治国、平天下，则一秉乎礼。自内焉者言之，舍礼无所谓道德；自外者言之，舍礼无所谓政事。（曾国藩《挺经》）

译文：

古代的君子修养德行是如何竭尽心力，我们是不能看到了。但他们修养身心，管理家庭，治理国家，平定天下，却全依仗的是礼。从内部说，舍弃了礼法就无所谓道德；从外部说，舍弃了礼法就无所谓政务。

解读：

曾国藩一贯重视研治“礼”学。他年轻时，曾往浏阳孔庙，研究礼乐数十日不倦。为翰林之时，“以为圣人经世宰物、纲维万事，无他，礼而已矣。”因此，他一生以实践先王之礼为己任。他以礼为国家大政礼俗教化之大本，实施礼治，推行礼教，事功建树乃他人所莫及。

曾国藩还鼓吹，“礼”是“息天下之争”的当务之急。他所说的“礼”实际是指维护封建等级制与封建统治秩序的纲常名教。太平天国时期，曾国藩在《讨粤匪檄》文告中指责太平天国诋毁孔孟之道扫荡千年礼仪人伦；一并攻击太平天国破坏封建等级制度的朴素平等思想，是“开辟以来名教之奇变”。显然，曾国藩在这种情况下宣扬“礼治”，就是要配合对农民群众的武力镇压，消弭他们的反抗精神。

案例：

以礼自治，以礼治人

曾国藩以礼治人，以礼自治，对外声称仁义礼治，实际则“外儒内法”，对农民阶级说以“礼”而约束使用，对敢于反叛怀疑者则严刑峻法，用真礼治理湘军，“用用恩莫如仁，用为莫如礼”，推行家规，营规，以封建纲常名教教育士兵，培育对封建皇帝的效忠，并且编写军歌来强化，从而提升湘军之战斗力。

在曾国藩的言谈、日记、家书中，处处可见“慈”、“友”、“恭”、“敬”、“恕”、“信”、“庄”、“谦”等用词，分别表示慈爱、友善、恭顺、尊敬、宽谅、信实、庄重、谦虚等体现平等心、尊重他人人格的意义，这些都融入了“礼义”的底蕴和内涵。采用谦恭、卑下、自贱屈尊等变通身份的办法，称年纪比自己小的人为兄，称社会地位比自己低的人为师为友，贬损自己而抬高别人，于是创造了“无大小、无尊卑”的平等融洽气氛。这不仅没有辱没自己，反以人格之庄重而使人生敬生畏，体现了曾国藩用礼之深厚内功。

咸丰年间，曾国藩在京为官时，曾接弟弟曾国潢来信，说老家为建新宅黄金堂，因地界问题与邻居闹冲突，准备上城打官司。

曾国藩当即写家书，并附上康熙文华殿大学士张英写的一首诗：“千里修书只为墙，让他三尺又何妨；长城万里今犹在，不见当年秦始皇。”曾家终于本着礼让精神将地退缩数尺。那邻居大受感动，也主动退让给以方便。

“礼治”乃曾国藩政治思想的核心，“以礼”为根本，以“刑”为手段，以“诚”为途径，以“恕”为条件。

曾国藩整治军队的第一要务是“礼”治，即以礼自治，以礼治人：“带勇之法，用恩莫如用仁，用威莫如用礼”，“我辈带兵勇，如父兄带子弟一般，无银钱，无保举，尚是小事，切不可使他扰民而坏品行，因嫖赌洋烟而坏身体，个个学好，人人成材”。为使官兵严守纪律，爱护百姓，曾国藩亲做《爱民歌》以劝导官兵。

原文：

凡将才有四大端：一曰知人善任；二曰善觇敌情；三曰临阵胆识；四曰营务整齐。（曾国藩《曾国藩文集》）

译文：

为将之才有四点要求：第一是要善于认识人的品德和才能，从而合理地选用人才；第二是要善于侦察敌情；第三是在战场上的胆识；第四是营务要整齐。

解读：

曾国藩用人，非常重视才识，他曾劝勉弟弟曾国荃说：因“恐将膺封疆重寄”，“学识宜广，操行宜严”。他对“带勇之人”提出四个要求，第一便是“要才堪治民”。他指出，“凡将才有四大端：一曰知人善任；二曰善瞻敌情；三曰临阵胆识；四曰营务整齐。”这四条，都是指的才识，而才、识二者之间，曾国藩认为，“凡办大事，以识为主，以才为辅”。对于与自己常常闹别扭的左宗堂的才能，他深为折服，上奏称其“刚明耐苦，晓畅兵机”，请朝廷重用。清廷果然于同年着左宗堂“以四品京堂候补，随同曾国藩襄办军务”。第二年四月，曾又上奏，恳请：“将左宗堂襄办军务改为帮办军务。”清廷又果如所请，曾国在用人上的大度，由此可见一斑。

曾国藩一生求贤若渴，他认为办天下事要用天下才，办的事越大需要的人才就越多。曾国藩“以荐举人为己任，疆吏阔帅，几遍海内”，看准了的人决不放过，曾效仿刘备三顾茅庐请出了彭玉麟；他还嘱咐师友同僚，随时推荐各类人才；对于任何前来投奔的人才，他都礼遇有加。因此，全国各地第一流人才对这位曾“伯乐”趋之若骛。

案例：

曾国藩之明与鲍超之勇

鲍超本是个鲁莽的流浪汉，因家贫从军，有一身好武艺，且善水性，被曾国藩收留，鲍超率领的队伍，神出鬼没，屡建奇功。鲍超每打一次胜仗，曾国藩便保奏一次，因而很快擢升。咸丰十年，英法联军破北京，咸丰帝逃往热河，清廷已无兵可调，军机处指名要调鲍军入京护卫京城。曾国藩则以江皖战事吃紧为由，上奏朝廷说鲍超万不能调用，如硬要调则从自己或胡林翼中择其一调之。可见曾国藩对鲍超的重视。鲍超却认为，曾国藩是有意压制他，扬言要与曾决裂。而曾国藩一面要胡林翼出面规劝，另一面以实际行动让鲍超知其己意。

一次，鲍超孤军被困九江，欲派人向曾氏求救，叫文书写信，多时未完。鲍超心急，顿足道：“都什么时候了，还咬文嚼字！”立即喊亲兵拿来一幅白麻，自己握着毛笔，于幅中大书一“鲍”字，四周作无数小圈围绕，急急封函，派人送去。众人不解其意，曾国藩大笑说：“老鲍又被围矣！”于是派出援军。事后，鲍超对曾佩服得五体投地。

同治七年（1868），曾国藩入觐皇帝和两宫太后，又极口称赞鲍超。慈禧太后询问鲍超之病，曾避而不谈，力言鲍超之勇，并举荐：“如国有缓急，随时可征调”。至中俄伊犁战争之时，鲍超被奉诏在湘招兵一万，赶赴天京，拱卫京师，终于如愿以偿。有人评论：“非曾国藩之明，不足以服鲍超；非鲍超之勇，不足以平乱。”